U0955586

21世纪普通高等院校系列规划教材

电子商务专项技能实训教程

Dianzi Shangwu Zhuanxiang Jineng Shixun Jiaocheng

主 编 何 亮 何 苗
副主编 柳玉寿 栾 睿 池 睿

西南财经大学出版社
中国·成都

图书在版编目(CIP)数据

电子商务专项技能实训教程/何亮,何苗主编.—成都:西南财经大学出版社,2018.2(2019.7重印)
ISBN 978-7-5504-3388-5

Ⅰ.①电… Ⅱ.①何…②何… Ⅲ.①电子商务—高等职业教育—教材
Ⅳ.①F713.36

中国版本图书馆CIP数据核字(2018)第033973号

电子商务专项技能实训教程

主　编:何　亮　何　苗
副主编:柳玉寿　栾　睿　池　睿

责任编辑:邓克虎
助理编辑:詹丹妮
责任校对:王青清
封面设计:杨红鹰　张姗姗
责任印制:朱曼丽

出版发行	西南财经大学出版社(四川省成都市光华村街55号)
网　　址	http://www.bookcj.com
电子邮件	bookcj@foxmail.com
邮政编码	610074
电　　话	028-87353785
照　　排	四川胜翔数码印务设计有限公司
印　　刷	郫县犀浦印刷厂
成品尺寸	170mm×240mm
印　　张	9.75
字　　数	163千字
版　　次	2018年2月第1版
印　　次	2019年7月第3次印刷
印　　数	4001—6000册
书　　号	ISBN 978-7-5504-3388-5
定　　价	20.00元

1. 版权所有,翻印必究。
2. 如有印刷、装订等差错,可向本社营销部调换。
3. 本书封底无本社数码防伪标识,不得销售。

Foreword 前言

本书是根据教育部、国家发改委、财政部《关于引导部分地方普通本科高校向应用型转变的指导意见》的精神，在充分调研应用型课程建设标准的基础上组织编写的。

本书符合国家对应用型和技能型人才培养的要求，注重以就业为导向，以能力为本位，面向企业，以经济结构调整为原则，以满足高技能电子商务实用型人才的培养。在编写过程中，我们充分学习了兄弟院校的专业教学实践经验，深入研究了社会对电子商务专项技能的需求，吸收了各方先进的教育理念和方法，形成了本教材的特色。归纳为以下三点：

（1）面向应用。本书的作者均来自教学一线，有多年的专业教学经验，同时又积极参与地方经济服务，具有丰富的行业实践经验。因此，本书能够根据应用型人才培养目标，结合目前的社会需求实际来编写。

（2）难易合适。本书借鉴各类专业和职业教育教材，化繁为简，重实践、轻理论，突出专项应用能力培养，着重强调知识体系，强化专项技能培养。

（3）知识体系完整。本书在内容选择上，在对人才的知识、能力的要求方面，力求做到与社会需求紧密结合，并较多地反映新知识、新技术和新方法。

全书7个专项，共计18个主题，涵盖了电子商务专项技能的全部应用要求。主要内容包括电子商务认知（何苗老师负责撰写）、电子商务模式（何亮老师负责撰写）、电子商务平台选择（柳玉寿老师负责撰写）、电子商务交易安全（池睿老师负责撰写）、网络营销（栾睿老师负责撰写）、网上银行与电子支付（何源老师负责撰写）和电子商务物流（李俊松老师负责撰写）。

教材引用了许多学者的先进成果，在此一并致谢。由于编者的水平和时间有限，书中难免存在不足之处，敬请广大读者和专家批评指正。

Contents 目录

专项一 电子商务认知

主题1 传统商务、电子商务与移动电子商务

主题引入

现代社会，人们可以通过两种方式来购买所需产品。图1-1所示为通过传统方式购买产品，图1-2所示为通过现代网络购物方式购买产品。请分析两种方式各有什么特点和优势，并了解常见的电子商务类型。

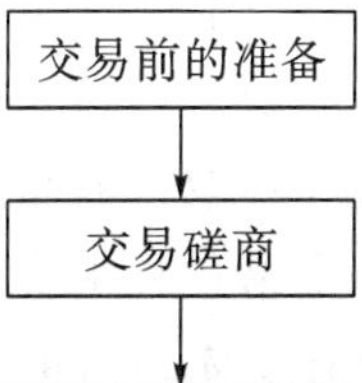

图1-1 传统商务交易

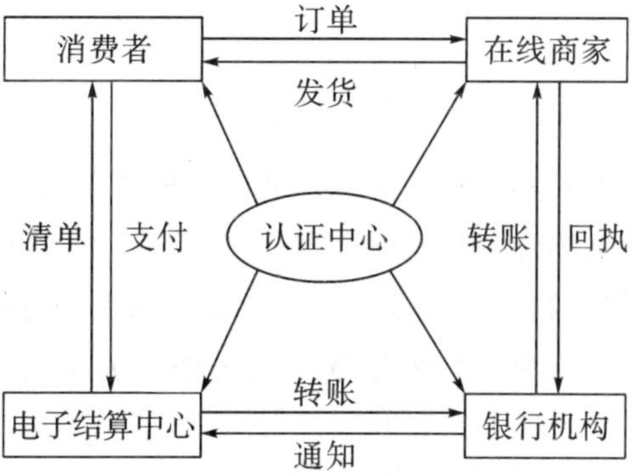

图1-2 电子商务交易

相关知识

面对网络引起的商业模式的改变，一些大型企业如苏宁、海尔等早就做到了未雨绸缪，率先进入了电子商务时代，获得了较高的利润。然而一部分中小企业却由于资金、技术等原因，感到茫然和无助。对中小企业来说，能否迅速利用互联网优势，决定着其能否适应一个新的时代，提高自己的竞争能力，在全球化的经济大潮中求得更广阔的生存与发展空间。

既然电子商务能够给企业带来强大的生命力，那么什么是电子商务、电子商务与传统商务之间有什么区别与联系就成为我们首先要了解的问题。

1 传统商务

1.1 传统商务的定义

传统商务是商品生产、流通结算所进行的全部活动的总称。商务活动作为商业、贸易、服务行政管理和经济事务等的统称，几乎覆盖了人类社会经济生活的各个方面。人类社会中人与人的基本关系之一就是商务关系，人们正是通过各种商务活动把社会经济的各个方面联系起来，把不同的人群联系起来，形成了人类整体互相依赖、互相支持的关系。商务活动是人类经济生活的纽带和桥梁。

传统商务活动的三个基本要素为买方、卖方、交易。商品交易是商务活动的形式，必须由买方和卖方共同参加并完成商品所有权的转移，期间常常需要中介机构提供相应的服务。商品交易的目的是为了取得商品的使用价值和实现商品价值，整个交易过程是信息流（整个交易过程中所产生的信息集合及其流动过程）、资金流（交易过程中资金在买卖双方的流动过程）、物流（商品从卖方到买方的流动过程）的统一。

传统商品交易过程（商务流程）大致可分为四个阶段：交易前的准备、交易磋商、合同签订与执行、支付与结算。

1.1.1 交易前的准备

交易前的准备是指买卖双方在交易磋商前的准备活动。

买方根据自己的需求，进行货源市场调查与分析，寻找满足自身需求的产品和服务。制订购买计划并准备购货款，再按计划初步确定购买商品的种类、数量、规格、价格、购货地点和交易方式等。

卖方首先要进行市场调研和市场分析，生产适销对路的产品，制定各种销售策略并确定销售方式（如召开商品新闻发布会、制作广告宣传单等），寻找交易伙伴和交易机会。

概括而言，交易前的准备实际上就是买卖双方进行商品信息发布、查询和匹配的过程。

1.1.2　交易磋商

交易磋商是指买卖双方对所有交易的细节进行谈判，包括双方在交易中的权利、所承担的义务，以及购买商品的种类、数量、规格、价格、购货地点、交易方式、运输方式、违约和索赔等。交易磋商实际上是贸易双方进行口头磋商或纸面贸易单证传递的过程。纸面贸易单证包括询价单、价格磋商、订购合同、发货单、运输单、发票、收货单等，各种纸面贸易单证反映了商品交易双方的价格意向、营销策略管理要求及详细的商品供需信息。

1.1.3　合同签订与执行

经认真磋商决定的内容，除口头约定外，交易双方必须以书面形式签订具有法律效力的商贸合同，来确定磋商的结果并监督执行。双方产生纠纷时，应通过合同，由相应机构进行仲裁。

根据合同，卖方要备货，组货，完成必要的交易手续，将商品交付运输公司包装、起运、发货或直接交付给买方。买方收到商品后，要组织验货，完成接收过程。

1.1.4　支付与结算

买方要根据约定或合同规定进行付款，付款可通过银行或金融机构进行，以完成整个交易过程。传统商贸业务中的支付一般有现金和支票两种方式。支票方式多用于企业的商贸过程，企业用支票方式支付涉及双方单位及双方开户银行。现金方式常用于企业对个体消费者的商品零售过程。

索赔是指在买卖双方交易过程中出现违约情况时进行的违约处理工作，受损方要向违约方索赔。

1.2　传统商务的特点

1.2.1　生产经营过程的标准化

企业的生产经营流程的标准化通过传统工业生产经营过程就可以得到充分的反映。传统上讲，任何工业生产过程，都必须经过一定的加工转换过程，这个过程可以包括生产技术准备、基本生产过程、辅助生产过程、生产服务过程、附属生产过程等基本生产环节。这些基本的生产经营过程在工艺应用、质量控制、财务、人力、设计、市场开发等方面，都逐渐形成了特定的标准，而正是这种标准化，推动了整个社会工业化的进程和生产经营协调联系的体系的建设。

1.2.2　生产经营过程的连续性

传统企业存在的重要基础是生产经营过程在时间上的连续性和空间上的密切配合，以使生产经营过程的行程最短、时间最省、耗费最少。保持和提高生产经营过程的连续性，可以充分利用机器设备和劳动力，缩短产品的生产周期，加速资金周转，减少零部件的停放保管损失和变质损失，提高经济效益。

1.2.3　要素配置的优化

经济学已经证明，总量一定的条件下的要素配置优化，可以明显提高产出效益。因此，企业生产在长期的发展过程中形成了严密的比例性，即从生产一开始的设计规划到生产过程，企业对产品技术要素、各部门、各工序以及各阶段在材料配备、规模确定、保障条件、协作关系等方面都逐渐按照一定的比例安排，并不断进行调整和优化。

不仅如此，传统模式下的市场交易还反映出交易活动和交易市场的地域性和专业性特点。地域性反映了在传统的交易过程中，由于交易手段的限制，交易活动主要在不同的地区内部展开，各种跨区域的市场交易尽管也大量存在，但手段的局限性限制了其进一步的扩展。

2　电子商务

2.1　电子商务的概念

电子商务已引起了人们的普遍关注，但人们对电子商务还没有一个统一规范的认识。不同的专家学者、企业、社会组织以及政府机构从不同方面对电子商务做出了不尽相同的描述。归纳起来，电子商务的概念可以有广义和狭义之分。

2.1.1　广义的电子商务

广义的电子商务是指利用网络实现所有商务活动业务流程的电子化，不仅包括了电子商业的面向外部的业务流程，如网络营销、电子支付、物流配送等，还包括了企业内部的业务流程，如企业资源计划、管理信息系统、客户关系管理、供应链管理、人力资源管理、网上市场调研、战略管理、财务管理等。

电子商务包含两个方面，一是商务活动，二是电子商务手段。它们之间的关系是：商务是核心，电子是手段和工具。这里的商务包括企业通过内联网的方式处理与交换商贸信息，企业与企业之间通过外联网或专用网方式进行业务协作和商务活动，企业与消费者之间通过互联网进行商务活动，消费者与消费者之间通过互联网进行商务活动，以及政府管理部门与企业之间通过互联网或专用网方式进行管理和商务活动。这里的电子化手段包括自动捕获数据、电子数据交换、电子邮件发送和接收、电子资金转账、网络通信、无线移动技术等各种电子通信技术手段。

2.1.2　狭义的电子商务

狭义的电子商务一般也被称为电子交易，是指通过互联网进行的商务活动。在大多数情况下，人们说的电子商务概念就是狭义的电子商务。

2.2　电子商务的特点

一般的电子商务交易流程如图 1-1 所示。可以结合如下电子商务交易流程来看电子商务的特点：

第一步，顾客通过网络查看在线商店或企业的主页。

第二步，顾客通过购物对话框填写姓名，地址，商品品种、规格、数量、价格。

第三步，顾客选择支付方式，如信用卡、支付宝等，也可选用借记卡、电子货币或电子支票等。

第四步，在线商店或企业的客户服务器检查支付方服务器，确认汇款额。

第五步，在线商店或企业的客户服务器确认顾客付款后，通知销售部门送货上门或委托第三方企业送货。

第六步，顾客的开户银行将支付款项传递到消费者的信用卡公司，信用卡公司负责将收费清单发给顾客。

为保证交易过程中的安全，需要有一个认证机构对在互联网上交易的买卖双方进行认证，以确认双方的真实身份。

由此可见，电子商务交易具有以下特点：

2.2.1　交易虚拟化

通过互联网为代表的计算机网络进行的贸易，贸易双方从贸易磋商、签订合同到支付，这些步骤都无须当面进行，而是通过计算机网络完成，整个交易完全虚拟化。对卖方来说，可以到网络管理机构申请域名，制作自己的主页，将产品信息放到网上。而虚拟现实、网上聊天等新技术的发展使买方能够根据自己的需求选择广告，并将信息反馈给卖方。通过信息的推拉互动，双方签订电子合同，完成交易，买方进行电子支付。整个交易都在网络这个虚拟的环境中进行。当然，要实现电子商务交易虚拟化，离不开信息的数字化，商家必须将商品信息整理后发布。

2.2.2　交易成本低

电子商务使得买卖双方的交易成本大大降低，具体表现在以下方面：

◆ 距离越远，网络上进行信息传递的成本相对于信件、电话、传真而言就越低。此外，缩短时间及减少重复的数据录入也降低了信息成本。

◆ 买卖双方通过网络进行商务活动，无须中介参与，减少了交易的有关环节。

◆ 卖方可通过网络进行产品介绍、宣传，减少了在传统方式下打广告、发印刷传单等花费。

◆ 电子商务实行“无纸贸易”，可减少90%的文件处理费用。

◆ 互联网使买卖双方即时沟通供需信息，使无库存生产和无库存销售成为可能，从而使库存成本降为零。

◆ 企业利用内部网（Intranet）可实现“无纸办公”（OA），提高了内部信息传递的效率，节省了时间，降低了管理成本。企业通过网络把公司总部、代理商以及分布在其他地区或国家的子公司、分公司联系在一起，及时对各地市场情况做出反应，及时生产，及时销售，降低存货费用，采用速度快捷的配送公司提供交货服务，从而降低产品成本。

◆ 传统的贸易平台是地面店铺，新的电子商务贸易平台则是网吧或办公室。

2.2.3　交易效率高

由于网络将贸易中的商业报文标准化，商业报文得以在世界各地瞬间完成传递并进行计算机自动处理，原料采购、产品生产、需求与销售、银行汇兑、保险、货物托运及申报等过程也无须人员干预，可在最短的时间内完成。传统贸易方式下，用信件、电话和传真传递信息，必须有人的参与，且每个环节都要花不少时间。有时由于人员合作和工作时间的问题，会延误传输时间，失去最佳商机。电子商务克服了传统贸易方式费用高、易出错、处理速度慢等缺点，极大地缩短了交易时间，使整个交易非常快捷与方便。

2.2.4　交易透明化

买卖双方交易的洽谈、签约以及货款支付、交货通知等整个交易过程都在网络上进行。通畅、快捷的信息传输可以保证各种信息之间互相核对，防止伪造信息，方便了网上交易信息的审查。

2.3　电子商务的分类

2.3.1　按照交易的主体分类

电子商务按照交易的主体可以划分为五大类：B2B、B2C、C2C、B2G、C2G。

◆ 企业对企业的电子商务。企业对企业（Business to Business，B2B）的电子商务指的是企业与企业之间依托互联网等现代信息技术手段进行的商务活动。例如，工商企业利用计算机网络向供应商进行采购，或利用计算机网络进行付款等。这一类电子交易发展较早、所占比重较大，一般被认为是电子商务的主要组成部分。

◆ 企业对消费者的电子商务。企业对消费者（Business to Customer，B2C）的电子商务指的是企业与消费者之间依托互联网等现代信息技术手段进行的商务活动。这类电子商务主要是借助国际互联网开展的在线式销售活动。近几年，随着国际互联网的发展，这类电子商务异军突起。例如，目前在国际互联网上已出现许多大型超级市场，出售的商品一应俱全，从食品、饮料到计算机、汽车等，几乎包括了所有的消费品。开展企业对消费者的电子商务，障碍较少，应用潜力巨大。就目前发展来看，这类电子商务仍将持续发展，是推动其他类型电子商务发展的主要动力之一。

◆ 消费者对消费者的电子商务。消费者对消费者（Customer to Customer，C2C）的电子商务是指买方是消费者，卖方也是消费者，即消费者之间的电子商务。典型的C2C类型是拍卖网站。

◆ 企业对政府的电子商务。企业对政府（Business to Government，B2G）的电子商务指的是企业与政府机构之间依托互联网等现代信息技术手段进行的商务或业务活动。例如，政府将采购的细节在国际互联网上公布，通过网上竞价方式进行招标，企业通过电子方式在网上进行投标等。

目前这种方式发展很快，因为政府可以通过这种方式树立新的形象，通过示范作用促进电子商务的发展。除此之外，政府可以通过这类电子商务实施对企业的行政事务管理，如政府用电子商务方式发放进出口许可证、开展统计工作，企业可以通过网络办理交税和退税等。

◆ 消费者对政府的电子商务。消费者对政府（Customer to Government，C2G）的电子商务，是指政府对个人的电子商务活动。这类电子商务活动目前还没有真正形成。在个别发达国家，如澳大利亚，政府的税务机构已经通过指定私营税务或财务会计事务所用电子方式来为个人报税。这类活动虽然还没有达到真正的报税电子化，但是，它已经具备了消费者对行政机构电子商务的雏形。

随着企业对消费者、企业对政府电子商务的发展，政府将会为个人提供更为全面的电子方式服务。政府各部门向社会纳税人提供的各种服务，例如社会福利金的支付等，将来都会在网上进行。

2.3.2 按交易涉及的商品内容分类

如果按照电子商务交易所涉及的商品内容分类，电子商务主要包括两类商业活动。

◆ 间接电子商务。这种电子商务涉及的商品是有形货物的电子订货，如鲜花、书籍、食品、汽车等，交易的商品需要通过传统的渠道如邮政和商业快递的服务来完成送货，因此，间接电子商务要依靠送货的运输系统等外部要素。

◆ 直接电子商务。这种电子商务涉及的商品是无形的货物和服务，如计算机软件、娱乐内容的联机订购、付款和交付，或者是全球规模的信息服务。直接电子商务能使双方越过地理界线直接进行交易，充分挖掘全球市场的潜力。目前我国大部分的农业网站都属于这一类。

3 移动电子商务

3.1 移动电子商务的概念

移动电子商务（M-Commerce），它是由电子商务（E-Commerce）的概念衍生出来的。电子商务以 PC 机为主要界面，是“有线的电子商务”；而移动电子商务，则是通过手机、PDA（个人数字助理）这些可以装在口袋里的终端让买卖双方“见面”，无论何时、何地都可以交易。有人预言，移动商务将决定 21 世纪新企业的风貌，也将改变生活与旧商业的“地形地貌”。

移动电子商务就是利用手机、PDA 等无线设备进行 B2B 或 B2C 的电子商务，以前这些业务一贯是在有线的 Web 系统上进行的。

与传统通过电脑（台式 PC、笔记本电脑）平台开展的电子商务相比，移动电子商务拥有更为广泛的用户基础。截至 2017 年 6 月，我国互联网网民数量达到 7.51 亿人，手机网民规模达到 7.24 亿人。网民中使用手机上网的比例由 2016 年年底的 95.1%提升至 96.3%，由此可见移动宽带具有更为广阔的市场前景。

3.2　移动电子商务的特点

与传统的电子商务活动相比，移动电子商务具有如下几个特点：

（1）更具开放性、包容性。移动电子商务接入方式的无线化，使得任何人都更容易进入网络世界，从而使网络更广阔、更开放；同时，使网络虚拟功能更带有现实性，因而更具有包容性。

（2）具有无处不在、随时随地的特点。移动电子商务的最大特点是“自由”和“个性化”。传统电子商务已经使人们感受到了网络所带来的便利和快乐，但它的局限在于它必须有线接入，而移动电子商务则可以弥补传统电子商务的这种缺憾，可以让人们随时随地结账、订票或者购物，感受独特的商务体验。

（3）潜在用户规模大。目前我国的移动电话用户已接近 14 亿，是全球之最。显然，从电脑和移动电话的普及程度来看，移动电话远远超过了电脑。而从消费用户群体来看，手机用户中基本包含了消费能力强的中高端用户，而传统的上网用户中以缺乏支付能力的年轻人为主。由此不难看出，以移动电话为载体的移动电子商务不论在用户规模上，还是在用户消费能力上，都优于传统的电子商务。

（4）能较好确认用户身份。对传统的电子商务而言，用户的消费信用问题一直是影响其发展的一大问题，而移动电子商务在这方面显然拥有一定的优势。这是因为手机号码具有唯一性，手机 SIM 卡片上存贮的用户信息可以确定一个用户的身份，而随着未来手机实名制的推行，这种身份确认将越来越容易。对于移动商务而言，这就有了信用认证的基础。

（5）定制化服务。由于移动电话具有比 PC 机更高的可连通性与可定位性，因此移动商务的生产者可以更好地发挥主动性，为不同顾客提供定制化的服务。例如，开展依赖于包含大量活跃客户和潜在客户信息的数据库的个性化短信息服务活动，以及利用无线服务提供商提供的人口统计信息和基于移动用户当前位置的信息，商家可以通过具有个性化的短信息服务活动进行更有针对性的广告宣传，从而满足客户的需求。

（6）移动电子商务易于推广使用。移动通信所具有的灵活、便捷的特点，决定了移动电子商务更适合大众化的个人消费领域，比如自动支付系统，包括自动售货机、停车场计时器等；半自动支付系统，包括商店的收银柜机、出租车计费器等；日常费用收缴系统，包括水、电、煤气等费用的收缴等；移动互联网接入支付系统，包括登录商家的 WAP 站点购物等。

（7）移动电子商务领域更易于技术创新。移动电子商务领域因涉及 IT、无线通信、无线接入、软件等技术，并且商务方式更具多元化、复杂化，因而在此领域内很容易产生新的技术。随着我国 4G 网络的兴起与应用，这些新兴技术将转化成更好的产品或服务，所以，移动电子商务领域将是下一个技术创新的高产地。

3.3　发展趋势

（1）企业应用将成为热点。移动电子商务的快速发展，必须是基于企业应用的成熟。企业应用稳定性强、消费力大，这些特点个人用户无法与之比拟。而移动电子商务的业务范畴中，有许多业务类型可以让企业用户在收入和提高工作效率上得到很大帮助。企业应用的快速发展，将会成为推动移动电子商务的最主要力量之一。

（2）获取信息成主要应用。在移动电子商务中，虽然主要目的是交易，但是实际上在业务使用过程当中，信息的获取对于带动交易的发生或是间接引起交易是有非常大的作用的。比如，用户可以利用手机，通过信息、邮件、标签读取等方式，获取股票行情、天气、旅行路线、电影、航班、音乐、游戏等各种内容业务的信息，而在这些信息的引导下，客户易进行电子商务的业务交易活动。因此，获取信息将成为各大移动电子商务服务商初期考虑的重点。

（3）安全问题仍是机会。由于移动电子商务依赖于安全性较差的无线通信网络，因此安全性是移动电子商务中需要重点考虑的因素。和基于 PC 终端的电子商务相比，移动电子商务终端运算能力和存储容量更加不足，如何保证电子交易过程的安全，成了大家最为关心的问题。

在这样的大环境下，有关安全性的标准制定和相关法律法规的出台也将成为趋势，同时，相关的供应商和服务商也就大行其道。

（4）移动终端的机会。移动终端也是一个老生常谈的话题。移动电子商务中的信息获取、交易等问题都和终端息息相关。终端的发展机会在于不仅要带动移动电子商务上的新风尚，还对价值链上的各方合作是否顺利以及业务的开展有着至关重要的影响。

（5）与无线广告捆绑前进。移动电子商务与无线广告，在过去的发展过程中有些割裂，其实这是“两条腿走路”的事情，二者是相辅相成的，任何一方的发展，都离不开另外一方的发展。二者的完美结合，就是无线营销的康庄大道。

（6）终端决定购物行为。调查报告显示：47%的智能机和56%的平板电脑用户计划利用他们的移动终端购买更多物品；接近一半的智能手机和平板电脑用户觉得移动购物是方便的，而如果企业能提供一些简便易用的移动应用或者移动网站则会更加方便；三分之一的智能手机用户利用手机进行购物，而只有10%的功能机用户利用他们的手机进行购物。

（7）虚拟电子钱包正流行。20%的智能手机用户曾经将他们的手机当作虚拟钱包；28%的智能手机用户期望能将手机当虚拟钱包做更多的事情；四分之一的平板电脑使用者非常希望能使用一些新技术。

（8）移动优惠券和条形码。尽管虚拟电子钱包受欢迎，但更多的智能手机和平板电脑用户希望通过手机查看更多的产品信息（55%~57%），或者使用移动优惠券（53%~54%）；一半的智能手机和平板电脑用户说他们计划扫描商品条形码以获得更多的产品信息，这也显示条形码的使用将在接下来的几年成为主流。

（9）用户体验亟须改进。54%的智能手机用户和61%的平板电脑用户认为企业品牌提供的移动购物应用非常不友好，用户体验也差，不会使用它们购物。

（10）对移动电商发展有帮助的新技术。科技的发展催生出了一些新的技术，如物联网、二维码等新技术，它们的出现将有助于移动电商的发展。

（11）靠移动图像识别技术拍照购物。想象一下，你走在大街上，看到某位潮人穿了一双超棒的鞋子，你拍下了一张照片，靠图像识别就可以给自己也买上一双，这种感觉多棒啊！

思考与练习

1. 简述传统商务的特点。
2. 什么是电子商务？其常见的类型有哪些？
3. 相较电子商务，移动电子商务有什么特点？

主题 2 电子商务体系架构

主题引入

随着网络经济迅猛发展，国家提出“互联网+”战略，各行各业依托互联网和电子商务，积极地开展转型升级。企业要系统开展电子商务，需要掌握哪些资源，具备怎样的能力？

相关知识

电子商务涉及的领域非常广泛，包括多种类型的活动、组织机构以及技术。因此，用一个框架来描述电子商务的构成有助于我们对电子商务的理解。

由图 1-3 可知，最高层电子商务的应用是丰富多彩的，为了实施这些应用，企业需要与之匹配的信息、基础设施和支持服务体系。图 1-3 表明了电子商务的应用是由基础设施以及五个政策支持领域来支撑的。这五个领域分别是：

◆ 人：买方、卖方、中间商、信息系统人员以及任何其他参与者共同构成了一个重要的支持领域。

◆ 公共政策：包括法律和其他政策，例如由政府决定的隐私保护和税收政策。公共政策还包括政府和行业权威机构制定的技术标准。

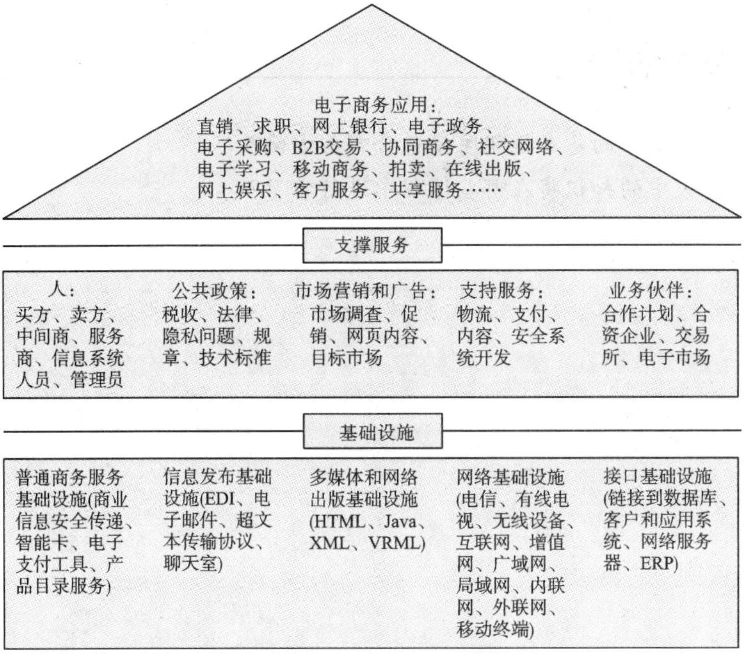

图 1-3　电子商务的架构

◆ 市场营销和广告：和其他企业一样，电子商务常常需要市场营销和广告的支持，尤其是在买主和卖主互不认识的 B2C 网上交易中。

◆ 支持服务：从内容创建到支付，再到订单传送，电子商务都需要大量的支持服务。

◆ 业务伙伴：合资、交易以及各种类型的业务合作在电子商务中经常出现，它们经常发生在整条供应链上。例如，企业与供应商、顾客和其他伙伴之间的交易。

图 1-3 的最底层是电子商务的基础设施，其中包括电子商务所用的软件、硬件和网络系统。这些设施和支持服务都需要有良好的管理来协调，这就意味着企业需要规划、组织、激励和制定战略。企业为了实现绩效的最优化，必要时还需利用电子商务模式和战略重组业务流程。管理者还需要解决战略层和运作层的决策问题。

思考与练习

1. 电子商务的基本框架主要包含哪些方面?
2. 框架中的知识将在哪些课程中进行学习?

专项二　电子商务模式

主题 1　B2B 电子商务模式

主题引入

电子商务模式是企业运作电子商务、创造价值的具体表现形式，它直接、具体地体现了电子商务的生存状态和生存规律。目前，典型的电子商务交易模式有 B2B、B2C、C2C、C2B、O2O 等。图 2-1 所示为典型的 B2B 交易模式——阿里巴巴商务网站。本主题将通过浏览该网站，介绍 B2B 电子商务交易模式、B2B 电子商务交易模式参与的主体和 B2B 电子商务交易模式的两种形式及现状。

图 2-1　阿里巴巴 B2B 模式网站

相关知识

传统的企业间的交易往往要耗费企业大量的资源和时间，无论是销售还是采购都要占用产品成本。通过 B2B 的交易方式，买卖双方能够在网上完成整个业务流程——从建立最初印象，到货比三家，再到讨价还价、签单和交货，最后到客户服务。B2B 电子商务模式使企业间的交易减少了许多事务性的工作流程和管理费用，降低了企业经营成本。网络的便利及延伸性使企业扩大了活动范围，企业发展跨地区、跨国界更方便，成本更低廉。

1　B2B 的基本概念

企业对企业电子商务是指企业之间通过互联网、外部网、内部网或者企业私有网络，以电子方式实现的交易。这些交易可以发生在企业及其供应链成员之间，也可以发生在一个企业和其他企业之间。B2B 的主要特点是企业希望通过电子自动交易或沟通、协作过程来提高它们自身的效率。

B2B 电子商务涉及企业与其供应商、客户之间大宗货物的交易活动，其交易金额大、交易对象广泛，涉及石油、化工、水电、运输、储存、航空、国防、建设等各个行业。B2B 是电子商务中业务量最大的一种类型，约占电子商务总交易量的 90%，构成了电子商务业务的主体。

B2B 中最主要的商业推动因素包括：拥有安全的互联网平台以及私有的、公共的 B2B 电子市场；供应商和购买者之间相互合作的需求；节约资金、减少延迟以及促进合作的能力；有效的内部以及外部整合技术的出现。

2　B2B 交易的基本类型

买方和卖方的数量以及参与 B2B 的模式决定了基本的 B2B 交易类型。

◆ 卖方模式：一个卖家对应多个买家。

◆ 买方模式：一个买家对应多个卖家。

◆ 网络交易市场模式：多个卖家对应多个买家。

◆ 协同商务模式：企业伙伴之间买卖之外的活动，例如供应链改进、交流、合作和共赢相关设计规划信息等。

3　面向制造业或面向商业的垂直 B2B

垂直 B2B 可以分为两个方向，即上游和下游。生产商或商业零售商可以与上游的供应商之间形成供货关系，比如戴尔计算机公司与上游的芯片和主板制造商就是通过这种方式进行合作的。类似的还有长虹集团（见图 2-2）。

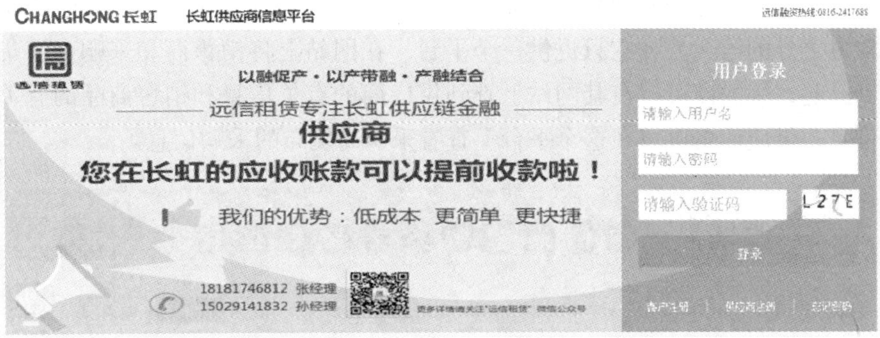

图 2-2　长虹供应商信息平台

这一类网站是企业自己建立的网站。通过这种电子商务模式，原材料供应商、生产商与经销商之间可形成供产销关系，比如海尔与其供货商、思科与其分销商之间进行的交易。

这种 B2B 电子商务模式交易流程如下：

第一步，供应商将产品目录发布在 B2B 网站上，供所有采购商查看。

第二步，采购商登录查看产品信息，采集要购买的产品。

第三步，采购商把产品放入购物车，填写订购信息并确认，从而建立新订单以及询价单。

第四步，针对采购商的询价单，供应商进行相关商品报价。

第五步，根据供应商的报价，采购商生成洽谈单，双方进行洽谈。

第六步，如果采购商满意产品的价格，双方签订电子合同，并据此生成订购单。

第七步，供应商处理订单后，交给采购商确认，经过二次确认的订单就可以生成销售单。

第八步，支付结算，完成交易。

这种电子商务模式可帮助企业减少供应商的数量，降低订单处理成本，缩短处理周期，减少处理人员，同时增大处理的订单数量，加强业务伙伴关系。

4 面向中间交易市场的水平 B2B

面向中间交易市场模式也称水平 B2B，它是将各个行业中相近的交易过程集中到一个场所和平台，为企业的采购方和供应方提供交易的机会，如阿里巴巴、慧聪网（见图 2-3）、中国化工网、环球资源网等。这一类网站其实既不是拥有产品的企业，也不是经营商品的商家，而是介于买卖双方之外的第三方，它只提供一个平台，在网站上将销售商和采购商汇集到一起，采购商可以在其网站上查到供应商的有关信息和销售商品的有关信息，供应商也可以在这个平台上查看采购商发布的采购信息。

图 2-3 慧聪网

这种 B2B 电子商务模式交易流程如下：

第一步，供应商把产品目录发布在 B2B 交易平台上，供所有采购商查看。

第二步，采购商也可以把求购信息发布在 B2B 交易平台，供供应商查看。

第三步，采购商和供应商通过 B2B 询价、报价，进行洽谈。

第四步，双方签订电子合同，并据此生成订购单。

第五步，供应商处理订单。

第六步，支付结算，完成交易。

这种电子商务模式可帮助企业获取更多的产品信息，降低交易成本，拓宽市场，因此越来越受到中小企业的欢迎。

思考与练习

1. 浏览阿里巴巴、慧聪网和环球资源网，比较这些网站有哪些异同。

2. B2B 电子商务的实施包括哪些方面？

3. 寻找两个企业开展 B2B 电子商务的失败案例，并进行分析和研究，总结经验和教训。

4. 试述 B2B 电子商务企业是如何建立诚信机制的。

主题 2　B2C 电子商务模式

主题引入

图 2-4、图 2-5、图 2-6、图 2-7 所示为目前国内典型的采用 B2C 电子商务模式开展经营的网站，分别是天猫、京东、唯品会、当当网。请同学们浏览上述网站，学习 B2C 电子商务交易模式的基本知识。

图 2-4　天猫

图 2-5　京东

图 2-6　唯品会

图 2-7　当当网

相关知识

1　B2C 的含义

B2C 电子商务模式即企业通过互联网为消费者提供一个新型的购物环境——网上商店，消费者通过网络购物并在网上支付。B2C 电子商务最重要的特点是能够绕过中介（如销售商、批发商或经销商）建立与客户的直接关系，能有效地向客户提供价格优惠的优质商品和优质服务。因此，B2C 电子商务网站遍布各种类型的商业中心，提供鲜花、书籍、计算机、汽车等各种消费商品和服务，这种模式节省了客户和企业的时间和空间，大大提高了交易效率。

2　认识 B2C 电子商务的组成

B2C 电子商务有三个基本组成部分：为客户提供在线购物场所的购物网站，负责为客户所购商品进行商品配送的物流配送系统，负责客户身份的确认、货款结算的银行和认证系统。

2.1　购物网站

购物网站也称网上商场或虚拟商场，是商家直接面向消费者的场所。购物网站上展示了琳琅满目的商品图片、价格、简介等商品信息。

2.2　物流配送

物流配送是购物网站将网站商品的实物送到客户手中的过程。商家根据配送距离的不同可选择不同的配送方式，近距离（本市范围内）可采用直接送货方式，远距离可利用 EMS 或其他第三方物流。

2.3　支付结算

在传统的商业活动中，消费者使用现金、支票或信用卡购物。在快餐店，消费者通常使用现金付款。如果在折扣商店购买电器，消费者往往使用信用卡。在支付账单时，消费者可能会寄出支票。网络世界中的情况就不同了，电子商务的出现带来了许多新的金融需求，而很多情况下，传统的支付系统无法满足这些需求。例如，网上个人之间的拍卖，这类新型的购买关系就需要采用对等网络支付手段，让个人可以通过电子邮件方式进行支付。消费者可从网上下载收费的流行歌曲，这类新型的网上信息产品要求采用新型支付方式进行支付。电子商务技术为创建可代替现有支付系统并提高系统性能的新系统带来了极大的可能性。

在国外，大部分网上购物是通过信用卡进行支付的；在国内，大部分网上购物则分别使用货到付款、汇款和电子支付方式。电子支付可以节约处理费用，同时降低纸张成本。

2.3.1　货到付款

这是最简单、最原始的付款方式，适用于不经常购物的上网者。货到付款方式有时可能会造成货到不付款等纠纷，不利于大规模地开展业务。

2.3.2　汇款

这种支付方式是指客户在完成订货后，通过邮政系统或银行系统汇款，当商家接到汇款后，再将商品发给客户。但这种支付方式存在缺点，即客户需要购物完成后再去一趟邮局，且汇款还得支付汇款费，这使得网上购物的便利不复存在。

2.3.3　电子支付

用户用银行卡或者信用卡通过网上银行支付货款，方便、及时、安全。这是现在主流的网上支付方式，应该大力推广。只有大力推广在线支付，才能更好地推广网上销售业务。关于支付安全问题，我们将在后续章节做详细的讲解。

2.3.4　安全认证

安全认证包括消费者确认及支付确认。在B2C电子商务模式中，消费者身份确认大多采用电话和电子邮件方式，通过CA认证中心进行身份确认。由于操作技术的复杂性，这种安全认证方式目前在国内还不十分普及。

由于B2C这种模式节省了客户和企业的时间和空间，大大提高了交易效率，适应了现代社会发展的特点，因而近年来取得了长足发展。

3　了解B2C电子商务的经营模式

商业模式，有时也称为业务流程，是企业为了在市场中获得利润而规划好的一系列活动。商业模式是企业商业计划的核心。商业计划是一份描述企业业务模式的文档。电子商务业务模式是以利用和发挥互联网和万维网的特性为目标的经营模式。电子商务的主要特点之一在于它允许建立新的经营模式。也就是说，电子商务允许某企业为获取收入以维持经营而采用新的开展业务的方式。

B2C 电子商务经营模式可分为实物商品的 B2C 电子商务模式和数字化商品的 B2C 电子商务模式。

3.1　实物商品的 B2C 电子商务模式

实物商品指的是传统的有形商品，这种商品和劳务的支付不是通过计算机的信息载体，而是通过传统的方式来实现的。虽然目前在互联网上所进行的实物商品的交易仍不十分普及，但还是取得了很大的进步，网上成交额有增无减。

网上实物商品销售的特点主要是网上在线销售的市场扩大了。与传统的店铺市场销售相比，网上销售可以将业务伸展到世界各个角落。例如，美国的一种创新产品“无盖凉鞋”，其网上销售的订单有 2 万美元是来自南非、马来西亚和日本。一位日本客户向坐落在美国纽约的食品公司购买食品，付出的运费相当于产品的价值，然而客户却非常满意，因为从日本当地购买相同的产品，价格更昂贵。

3.1.1　虚拟商家

虚拟商家属于单一营销渠道的网上企业，收入几乎全部来自网上销售。虚拟商家的支持企业一般无须负担建立和维护实体店面的成本，但负担建立和维护网站和开展营销所需的开支。此外，虚拟商家获取客户的成本也非常高。与其他零售企业一样，虚拟商家的利润很低。因此，虚拟商家必须达到足够高的运营效率才能保证获得利润，同时必须尽快打响品牌，以吸引到足够数量的客户，才能弥补经营成本。主题引入中的当当网、京东商城是虚拟商家的典型代表。

3.1.2　鼠标加水泥型电子零售商

在线零售店，通常称为电子零售商，其规模外观各异，既有像亚马逊、上海华联超市、苏宁电器这样的网上巨人，也有仅仅只有一个 Web 站点的本地小商店。除了客户需要通过互联网来查看库存、下订单外，电子零售商更像是传统的店面。有时，人们把一些电子零售商称为鼠标加水泥型电子零售商，认为其是对现有实体店面的补充。其和实体店面销售的是同样的产品，不同的是其既将实体店面作为主要零售渠道，又会在网上出售商品。

鼠标加水泥型电子零售商是将先进的网络技术与传统优势资源相结合，利用先进的信息技术提高传统业务的效率和竞争力，实现真正的商业利润的一种运作模式。传统业务的运作模式存在着效率低、成本高、对市场的反应速度慢、市场覆盖面有限等种种弊端。通过实施企业的电子化、网络化管理，可以全面监控下游客户每日的进、销、存情况，及时补货，让上游的供应商及时知道企业原料的库存情况，及时补充，将存货量保持在最低水平；可以为企业提供新的业务增值，提升客户的满意度与忠诚度，更好地服务于客户，同时吸引新客户。本质上讲，通过实施解决方案，无论新、老客户都会从企业建立的服务活动中得到利益，企业也会产生新的业务增值，并降低成本。

3.1.3 直销（Direct Marketing）

直销商绕过了传统零售商店，直接从消费者那里获得订单。另外，直销商可能从制造商那里直接购买产品，从而绕过了传统批发商。网络为直销商和客户提供了一种崭新的交互方式。

制造商直销属于鼠标加水泥模式中的直销，是互联网营销（Internet Marketing）的一种模式，其目的是利用 Web 及传统渠道与客户建立积极的、长期的关系，使企业可以对自己的产品和服务收取比竞争对手更高的价格，从而获得竞争优势。戴尔公司成功地在互联网上将计算机销售给数百万名消费者并赚取利润，从而使自己成为世界上最成功的电子零售商之一，这便是最好的证明。

3.2 数字化商品的 B2C 电子商务模式

3.2.1 网上订阅模式

网上订阅模式指的是企业通过网页安排向消费者提供网上直接订阅，消费者直接浏览信息的电子商务模式。网上订阅模式主要被商业在线机构用来销售报纸杂志、有线电视节目等。大部分在线付费浏览电影的网站都属于这种形式。

3.2.2 付费浏览模式

付费浏览模式指的是企业通过网页安排向消费者提供计次收费性网上信息浏览和信息下载的电子商务模式。付费浏览模式让消费者根据自己的需要，在网址上有选择地购买一篇文章、一章书的内容或者参考书的一页。在数据库里查询的内容也可付费获取。万方数据等一些浏览文献或者论文的网站都采用付费浏览形式。另外，一次性付费参与游戏娱乐将会是很流行的付费浏览方式之一。

3.2.3　广告支持模式

广告支持模式是指在线服务商免费向消费者或用户提供信息在线服务，而营业活动全都由广告收入支持。此模式是目前最成功的电子商务模式之一。由于广告支持模式需要上网企业的广告收入来维持，因此该企业网页能否吸引大量的广告就成为该模式能否成功的关键。

能否吸引网上广告主要靠网站的知名度，知名度又要看该网站被访问的次数。广告网站必须对广告效果提供客观的评价和测度方法，以便公平地确定广告费用的计费方法和计费额。搜狐和网易等大型网站都属于这种形式。

3.2.4　网上赠予模式

网上赠予模式是一种非传统的商业运作模式，是企业借助于互联网用户遍及全球的优势，向互联网用户赠送软件产品，以扩大企业的知名度和市场份额。企业通过让消费者使用该产品，让消费者下载一个新版本的软件或购买另外一个相关的软件。由于所赠送的是无形的计算机软件产品，而消费者是通过互联网自行下载，因而企业所投入的分拨成本很低。因此，如果软件确有其实用特点，那么消费者很容易接受。例如，太平洋下载网就是以这种网上赠予的方式吸引消费者的。

3.2.5　门户网站（Portal）

门户网站是指在一个网站上向用户提供强大的 Web 搜索工具以及集成为一体的内容和服务，如新闻、电子邮件、即时消息、日历、音乐下载等的应用系统。雅虎、MSN 都是典型的门户网站。门户网站的收入主要来自于向广告客户收取网上的广告占位费、收取将消费者引向其他网站的推荐费，以及提供优质服务的费用。

3.2.6　内容提供商（Content Provider）

内容提供商通过网络发布信息内容，如数字化的新闻、音乐、照片、影片以及艺术品。付费检索是 B2C 电子商务的第二大收入来源。越来越多的互联网用户上网是为了获得信息，而不是购买产品，因此，内容提供商通过向订阅者收取订阅费来盈利成为可能。当然，并不是所有的网络内容提供商都收费，许多报纸和杂志的在线版都不收费，用户不需要付钱就可以在这些网站上浏览新闻和其他信息。

3.2.7　交易经纪模式（Transaction Broker Model）

交易经纪模式指通过电话或邮件为消费者处理个人交易的网站的电子

商务模式。采用这种模式最多的是金融服务、旅游服务以及职业介绍服务。在线股票经纪人模式，如 E* Trade.com、TD Ameritrade.com 已经从股票零售交易市场上获得了 20%的份额。在线交易经纪的价值主要体现在节省时间和金钱上。在线股票经纪人收取的佣金一般要比传统经纪人收取的佣金低得多。很多在线股票经纪人还提供实在的交易好处，如现金折返和一定数量的免费交易，以吸引新客户。此外，大多数交易经纪模式还提供及时的信息和建议。例如，像 Monster.com 为寻找工作的人提供了一个可以发挥自己才能的、全国性的市场，同时向雇主提供全国的人才市场信息，无论是雇主还是找工作的人都会被网站提供信息的方便性和及时性所吸引。

3.2.8 市场创建者（Market Creator）

市场创建者建立了一个数字化的环境，使得买卖双方能够在此“会面”，展示产品、检索产品、为产品定价。一个最典型的例子就是 Priceline.com，消费者可以在这一市场空间为自己愿意支付的各种旅游膳宿和其他产品定价。另外一个例子是 eBay.com，它是一个同时为企业和消费者提供服务的在线拍卖网站，为买卖双方建立一个协商价格，以进行数字化交易。

3.2.9 服务提供商（Service Provider）

服务提供商提供在线服务。有些在线服务是收费的，而有些则通过其他途径，如通过广告或通过收集对直销有用的个人信息获利。服务提供商的基本价值体现在向消费者提供了比传统服务更有价值、更便利、更省时、成本更低的服务。

许多服务提供商提供的服务都与计算机有关，例如利用网络提供信息存储、利用网络提供咨询服务。

服务种类的多样性使服务提供商拥有的市场机会巨大，并与实际商品的市场机会一样有潜力。人们生活在基于服务的经济与社会中，消费者不断增长的对于便利产品和服务的需求，给当前和未来的服务提供商展示了很好的发展前景。

3.3 综合模式

实际上，多数企业网上销售并不仅仅采用一种电子商务模式，而是采用综合模式，即将各种模式结合起来实施电子商务。我国的工商银行网站就是这一模式的代表。在工商银行的网站上，有工行商城的实体商品，也有定制天气预报、股票行情等金融信息的无形商品，更提供在线投保、电子客票等服务。

技能训练

在当当网购买部分学习书籍，完成一次购物体验。

思考与练习

1. B2C 电子商务网站需要具备哪些业务功能？
2. 传统零售业开展 B2C 存在哪些障碍？
3. 简述 B2C 电子商务的购物流程。
4. 试比较当当网与亚马逊中国的不同点。

主题 3　C2C 电子商务模式

主题引入

在前面的两个主题中，我们已经学习了 B2B 和 B2C 两种电子商务交易模式。在本主题中，我们将学习 C2C 电子商务交易模式的基本内容，并了解我国目前 C2C 电子商务的发展现状和开展 C2C 电子商务交易的基本内容。

相关知识

1　C2C 的基本含义

C2C 是消费者与消费者之间的电子商务，通俗地讲，就是个人与个人之间通过网络进行交易的电子商务类型。现在大家非常熟悉的淘宝网（见图 2-8）就是典型的 C2C 电子商务网站。

图 2-8　淘宝网

C2C 电子商务的特点是消费者与消费者讨价还价进行交易。实践中，C2C 较多的是进行网上个人拍卖，如易趣网（www.eachnet.com）是中国第一个真正的个人物品竞标网站。易趣网提供一个虚拟的交易场所，就像一个大市场，每一个人都可以在市场上开出自己的“网上商店”，不用用户事先交付保证金。易趣网凭借独有的信用度评价系统，借助所有用户的监督力量来营造一个相对安全的交易环境，使买卖双方能找到可以信任的交易伙伴。在易趣网上可以交易许多物品，大到计算机、电视，小到邮票、电话卡。在易趣网上，个人可以 24 小时自由地卖出、买入各种物品。

2　C2C 电子商务平台的功能

2.1 为买卖双方进行网上交易提供信息交流、信息发布、信息获取的平台

C2C 电子商务是将传统的商业领域从 B2B 和 B2C 扩展到了 C2C，而 C2C 电子商务网站为打算上网进行物品买卖的人们提供了一个发布和获取信息的平台。C2C 交易平台允许卖家在平台上发布待出售的物品的信息，允许买家浏览和查找别人拟出售的物品的信息，也允许买卖双方进行交流。因此，C2C 电子商务平台是为买卖双方进行网上交易提供信息交流、信息发布、信息获取的平台。

此外，C2C 电子商务网站刚刚出现的时候，主要是提供“拍卖”服务。买家在网站上进行竞价，在规定时间内出价最高的买家获得商品或服务。然而，随着发展，现在 C2C 电子商务网站除了提供物品拍卖服务外，

同时也提供一口价买卖（即待出售的物品的价格是固定的）、网上商城（即模拟传统的商城，聚集了大量的品牌专卖店）、团购（即多个买家联合起来购买同一件物品）等多种信息服务，以便更全面地满足不同卖家和买家的需求。

2.2　为买卖双方进行网上交易提供一系列配套服务

C2C 电子商务网站为买卖双方进行网上交易提供信息交流平台，同时，C2C 电子商务网站也为买卖双方进行网上交易提供一系列配套服务，使得交易能够顺利地进行并且最大限度地发挥网上交易的优势。例如，引入一个第三方的支付平台，或为其用户提供便捷的通信工具（一般包括留言、电子信件、聊天工具、语音通信工具等）。

3　C2C 电子商务交易过程

C2C 电子商务交易一般过程如下：

◆ 交易者登录 C2C 网站。

◆ 卖方发布拍卖商品的信息，确定起拍价、竞价阶梯、截止日期等信息。

◆ 买方查询商品信息，参与网上竞价。

◆ 买卖双方成交，买方付款，卖方交货，交易完成。

各 C2C 交易平台的交易过程基本都是如此。

4　C2C 电子商务盈利模式

现在我们以第一家拍卖网站 eBay 为例，介绍 C2C 电子商务的盈利模式。

目前，eBay 的收入主要来自其三大业务部门：交易平台、网上支付和通信服务。

4.1　交易平台

交易平台作为 eBay 最核心的业务，是 eBay 最主要的收入来源。交易平台的收入主要来自对交易平台各项服务的收费，具体包括以下几项：

4.1.1　商品登录费（Insertion Fees）

如果要在 eBay 上发布一个待售的物品，必须缴纳商品登录费。商品登录费是基于物品的定价或拍卖起价而言的。不过，对于一些特殊的商品，商品登录费的收费标准会有所不同。例如，“商业及产业固定设备”类商品的登录费一律为 20 美元。

4.1.2 商品成交费（Final Value Fee）

如果发布的商品成功出售，那么还需向 eBay 缴纳商品成交费。这一费用基于商品最低成交价格和售出件数而言。

4.1.3 交易服务费（Transaction Services Fee）

这一费用主要针对在 eBay Motors 上出售车辆的人。一旦有人出价不低于商品底价的时候，不管商品售出与否，商品的所有者都需要支付交易服务费。不过，商品所有者在支付了交易服务费以后，即使后来商品售出，也不需再支付其他费用了。

4.1.4 店铺费（Subscription Fee）

eBay 上店铺的拥有者，每月需要根据店铺的等级向 eBay 支付一定的费用。

4.1.5 分类广告费（Classified Ad Fee）

当商品所有者使用分类广告的方式在 eBay 上发布了一个物品时，就需要缴纳分类广告的商品登录费。

4.1.6 陈列改良费（Listing Upgrade Fees）

如果想让物品陈列形式更好或被陈列更长的时间，可以支付相应的陈列改良费来达到目的。

4.1.7 图片服务费（Picture Services Fees）

eBay 提供多图片上传、图片预览、展示大图等多种图片服务，其提供的图片服务需收取相应的费用。

4.1.8 卖家工具费（Seller Tool Fees）

eBay 提供各种卖家工具，用户租用卖家工具需按 eBay 的收费标准付费。

4.1.9 底价设置费（Reserve Fee）

卖家登录 eBay 的时候，可以选择给自己的商品设置一个底价，也就是可以接受的最低售价，当最后的成交金额低于这个底价的时候，交易无效。这个底价设置费是可选的，而且成交的话可以退还。eBay 按一定的收费标准收取底价设置费。

4.1.10 立即购买费（Buy It Now Fee）

卖家为了尽快出售物品，可以选择为物品设一个固定价格，或者给在线拍卖的物品添加一个立即购买的选项。这样做就需要向平台缴纳立即购买费。

4.2 网上支付

在 eBay 网站上，使用 PayPal 的用户还需支付相应的费用（PayPal

Fees)。这可以看成是 eBay 对交易平台的配套服务——网上支付服务所收取的费用。这些费用是通过用户的 PayPal 账户来收取的，而不是通过 eBay 账户。PayPal 费用虽然也和交易密切相关，但其又是相对独立的。PayPal 是 eBay 旗下的公司，成立于 1998 年，致力于使拥有电子邮件地址的任何个人或企业能够安全、便捷、迅速地在线收款和付款。至 2007 年，PayPal 在全球范围内拥有一亿多名用户。在全球 190 个国家或地区，eBay 买家和卖家、在线零售商、在线商家以及传统的线下商家，都在使用 PayPal 进行交易。也就是说，PayPal 除了为 eBay 的用户提供网上支付服务以外，也为其他在线零售商、在线商家乃至传统的线下商家提供相关的服务。

4.3　通信服务

eBay 的一部分收入来自 Skype 的通信服务。当初，eBay 收购 Skype 一方面是看重其拥有的大量用户，另一方面也是为了利用 Skype 提供的网络电话服务让买卖双方能通过在线语音电话或视频电话互相联系，以弥补使用电子邮件沟通的不足。在收费方面，Skype 提供的免费功能包括和其他 Skype 用户通话、Skype 视频电话、一对一和团体文字聊天、多达 9 人的电话会议，以及来电转接至其他 Skype 用户名。

总的来说，eBay 的盈利模式可以概括为：以直接向用户收取交易平台服务费用为主，以提供配套服务并收取相应费用为辅。而这一模式能够取得成功还得益于国外用户具有付费的意愿与能力，以及 eBay 可以依靠其先入优势、良好的用户体验与完善的配套服务而领先于其他众多的竞争对手。

技能训练

在淘宝网上完成一次购物体验。

思考与练习

1. 通过浏览淘宝网和易趣网，比较这些网站的异同。
2. C2C 电子商务网站需要为顾客提供哪些功能？
3. C2C 电子商务网站需要具备哪些业务功能？
4. 简述 C2C 电子商务的购物流程。
5. C2C 电子商务网站有哪些收入方式？

主题4　C2B电子商务模式

主题引入

随着网络经济的不断创新，除了传统的三大电商模式，又演变出一种新的电商模式——C2B。C2B电商模式到底有哪些创新？

相关知识

1　C2B基本概念

C2B是互联网经济时代新的商业模式。这一模式改变了原有生产者（企业和机构）和消费者的关系，是一种消费者贡献价值（Create Value）、企业和机构消费价值（Customer Value）的模式。C2B模式和我们熟知的供需模式（Demand Supply Model，DSM）恰恰相反。

真正的C2B应该先有消费者需求产生，后有企业生产，即先有消费者提出需求，后有生产企业按需求组织生产。通常情况为消费者根据自身需求定制产品和价格，或主动参与产品设计、生产和定价。产品、价格等彰显消费者的个性化需求，生产企业进行定制化生产。

C2B的核心是以消费者为中心，让消费者当家做主。从消费者的角度来看，C2B产品应该具有以下特征：第一，相同生产厂家生产的相同型号的产品，无论通过什么终端渠道购买，价格都应该一样，也就是全国一个价，渠道不掌握定价权（消费者平等）；第二，C2B产品价格组成结构合理（拒绝暴利）；第三，渠道透明（拒绝山寨）；第四，供应链透明（品牌共享）。

2　C2B电商模式特点

◆ C2B的营销概念，即是将庞大的人气和用户资源（Customer）转化为对企业（Business）产品和品牌的注意力，转化为企业迫切需要的营销价值，并从用户的角度出发，通过有效的整合与策划，改变企业营销内容及形式，从而形成与用户的深度沟通和交流。

◆ 召集众商家合作营销，给顾客更多的选择。可以根据顾客的喜好为其定做商品或服务。

◆ 要约，即买家发布需要什么样的商品、价格、大小、样式等构成要约的条件，让企业来找自己，从而实现双赢。

◆ 聚合分散的数量庞大的客户群，形成一个强大的采购集团，扭转以往一对一的劣势出价地位，享受批发商的价格优惠。

◆ 客户个性化定制产品，邀约厂商生产，实现以客户需求为引擎，倒逼企业“柔性化生产”的局面。厂商也可以以销定产、降低库存，同时减少销售环节、降低流通成本。

3　模式分类

按定制主体和定制内容两个维度将 C2B 分为五类，分别是群体定制价格、个体定制价格、群体定制产品、个体定制产品和混合型（见图 2-9）。

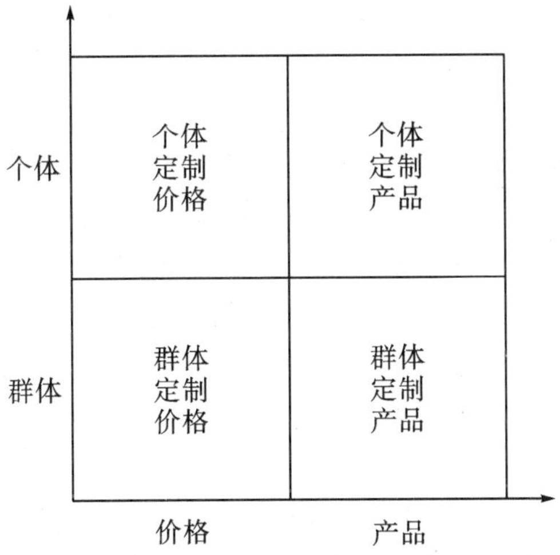

图 2-9　C2B 模式分类

专项三　电子商务平台选择

作为企业，如果想充分利用现代化、信息化、网络化的手段实现企业的电子商务运营，可以采用的方法有很多种，例如可以建立网站（如可口可乐公司便设立了网站）宣传企业信息、展开营销推广、进行产品介绍，以加强与客户的有效互动。当然，企业也可以选择建立具有在线销售功能的网站，来拓宽企业的销售渠道，如联想公司的网站。然而，对于众多的中小型企业而言，建立自主的网站有时候需要大量资金和人员的投入。此时，借助第三方电子商务平台，是一种不错的选择。这些电子商务平台有付费的，也有免费的，提供的功能有企业信息注册、产品发布、网络营销、在线交流等，可以很好地满足中小企业电子商务的需求。

中国许许多多的电子商务平台纷纷推出，让企业目不暇接。面对纷繁复杂的电子商务网站，企业感到无所适从，不知该选择哪些电子商务网站。所以许多企业认为，应尽量在多个电子商务网站注册会员，发布产品和供求信息，以求获得更多的客户和订单。然而，这些企业却没有得到自己想要的效果。企业若要借助电子商务网站产生效益，必须清醒地认识到网络和电子商务的发展现状，搞清楚电子商务网站平台的运作机理和使用方法，并及时调整电子商务战略。

主题 1　自建电商平台

主题引入

对于较有实力的企业而言，可以建立自己的网站开展电子商务。例如，苏宁电器便通过建立自己的网上商城实现在线销售（见图 3-1）。

图 3-1　苏宁易购

一个成功的电子商务网站建立在合理的规划基础上。网站规划是网站建设的基础和指导纲领，决定了一个网站的发展方向，同时对网站推广也具有指导意义。网站规划的主要意义就在于树立网络营销的全局观念，将每一个环节都与网络营销目标结合起来，增强针对性，避免盲目性。

相关知识

电子商务网站的规划是电子商务网站建设的重要步骤，决定了网站的发展方向。网站规划的好坏，直接影响着企业电子商务网站实施的成败。

1　明确建设电子商务网站的目的

网站建设的目的是为了开展网络营销，因此应该用全局的观念来看待网站规划。网站规划的主要意义就在于树立网络营销的全局观念，将每一个环节都与网络营销目标结合起来，增强针对性，避免盲目性。

2 电子商务网站规划的原则

电子商务网站是企业开展电子商务的基础设施和信息平台。为了实现网站商务功能最大化的目标，给受众群体提供方便、实用的信息服务，在网站规划时应遵循如下几个原则：

2.1 目的性和用户需求原则

电子商务网站是展现企业形象、介绍产品和服务、体现企业发展战略的重要平台。要开展电子商务，建立电商网站，就应该清楚网站供哪些人浏览，要提供哪些内容，提供怎样的服务，达到什么效果等。因此，企业必须掌握目标市场、受众群体的情况，结合消费者的需求、市场状况、企业自身的情况等进行综合分析，做出切实可行的规划。

2.2 易用性和实用性原则

伴随着人们对网站用户体验的关注度的普遍上升，网站易用性建设已不是一个新鲜的话题。欧美电子商务网站普遍重视网站易用性建设，已开始系统研究易用性思想。国内领先、成功的网站也都重视网站用户体验，其中，腾讯、淘宝、百度、阿里巴巴等知名网站走在了国内网站的前列。

实用性是指网站所提供的各项信息、服务的内容要实用，能够与访问者实现交互，能够真正为用户带来方便，而不应片面追求页面美观。国内对电子商务发展高度重视的行业，如银行业、航空业、金融业等，都十分注重网站的实用性，力求做到让用户足不出户就可以通过网站办理大量的业务。

2.3 先进性、可靠性、安全性和可扩展性

网站设计作为网站规划的一个重要组成部分，应注重设计的先进性、可靠性和安全性。

先进性是指立足先进技术，以最先进的观点和设计思路，设计出具有先进性的网站系统，使其达到国内乃至国际领先的水平。此外，先进性还体现在网站信息内容要具备特色，做到新、精、专。

可靠性指电子商务网站正常运作后，能够提供全年 24 小时不间断服务，为用户提供稳定运行保障。

安全性指网站在互联网上执行的任何程序或提供的任何服务都是安全

的、有保障的，能够有效防范黑客的攻击、病毒的侵袭，能够保证网站客户资料不被泄露，为业务及商务提供安全环境。

可扩展性指根据实际业务量的扩大而扩大的能力。随着电子商务网站平台业务量的扩大和访问量的增长，系统应该能够具有很强的扩展能力，以适应新业务的发展和用户数量的增加。

3　电子商务网站规划的内容

根据不同的需要和侧重点，网站的功能和内容会有一定差别，但网站规划的基本思路是类似的。一般而言，网站规划应注重如下几方面：

3.1　网站定位

在规划站点设计之初，需要考虑建设网站的目的是什么，为谁提供产品和服务，能提供什么样的产品和服务，产品和服务适合什么样的表现方式，以对网站的整体风格和特色做出定位。对此，可以从以下几方面加以考虑：

（1）明确建立网站的目的：是局限于简单宣传公司和产品，还是实现网络销售功能；是企业需要还是市场需求。

（2）明确电子商务方式所占的比例：所有业务均通过电子商务方式进行，还是只有一部分业务通过电子商务方式进行，其所占比重有多大。

（3）网站当前的规模及其扩展性。

3.2　功能设计

网站功能设计要基于对产品的自身定位、资源优势以及相关的市场调研结果。网站功能包括会员注册、登录、留言、网络订单、在线交互功能，以及一定的搜寻服务功能等。

3.3　风格设定

站点的风格能够展示企业形象、介绍企业的产品和服务、体现企业的发展战略。企业应根据消费者的需求、市场的状况、自身的情况等进行综合分析，牢记以消费者为中心，而不是以艺术效果为中心进行网站风格的设定。

3.4　内容架构

要想将网站建设成一个对消费者有吸引力的电子商务网站，网站信息内容的确定是成功的关键。网站上与主题相关的信息内容越丰富，登录上网的浏览者就越多，网站给浏览者留下的印象也就越深刻。

4 电子商务网站规划的流程

在建立电子商务网站前，应明确建设网站的目的，进行必要的市场分析，确定网站的功能规模、预算投入费用等。有了详细的规划，才能避免网站建设中可能出现的很多问题，网站建设才能顺利进行。电子商务网站规划流程可分为以下九个阶段：

4.1 调查分析阶段

这一阶段，电子商务企业确定建站需求，专业策划人员对电子商务企业的经营环境、行业背景、服务对象等进行全面的调查分析。这一阶段的主题是确定网站建设的目标、实施策略和建站资源等。

4.2 网站功能定位阶段

根据调查所得到的结果，确定网站建设目标，进而确定网站的功能。网站的功能是为用户提供服务的基本表现形式，体现了一个网站的核心价值。一般而言，电子商务网站根据功能和要求的不同，可分为产品宣传型、网上营销型、客户服务型、电子商务型等。企业应根据网站建设目标合理定位，确定网站应实现的功能。

4.3 内容组织阶段

应根据网站的目的和功能组织网站内容。产品宣传型和网上营销型网站，一般包括公司简介、产品介绍、服务内容、价格信息、联系方式、网上订单等基本内容；客户服务型和电子商务类网站一般要提供会员注册、详细的商品服务信息、信息搜索查询、订单确认、网上付款、相关帮助等功能和内容。

4.4 总体设计阶段

这一阶段，网站设计专业人员根据网站功能定位和相关材料对网站进行总体设计。这一阶段的主题是企业网上形象设计、网站风格设计、网站结构和布局设计、网页栏目设计、关键字位置和重复率、媒体设计制作技术的选择、信息链接、更新方法等。

4.5 具体制作阶段

这一阶段，根据网站的功能定位和总体设计，确定网站技术解决方案，完成网站（页）的制作。其中，应重点考虑下列几方面：

（1）是采用自建网站服务器，还是租用虚拟主机。

（2）选择操作系统，分析投入成本、功能、稳定性、安全性等因素。

（3）考虑是采用系统性的解决方案，如 IBM、HP 等公司提供的企业上网方案、电子商务解决方案，还是自行开发方案。

（4）采取网站安全性措施，确定防黑、防病毒方案。

（5）考虑采用何种网页程序，如 ASP（X）、JSP、PHP、CGI 等。交互的程序应有前台展示和后台管理两部分。

（6）应有网页的整体布局、风格、着色、信息内容等。

4.6　系统全面调试阶段

这一阶段是将制作好的网站进行性能方面的全面测试，对网站内容进行校对和调整，以确保将来网站运行时的安全性、可靠性和准确性。

4.7　运行、发布阶段

在这一阶段，选择并注册合适的域名，解析至服务器，将做好的网站上传至服务器，并进行必要的设置，如绑定域名等。要对网站上的所有功能进行测试，将其性能调整到最佳状态。

4.8　网站推广

网站推广是网络营销的主要内容。可以说，大部分的网络营销活动都是为了推广网站，例如发布新闻、搜索引擎登记、交换链接、网络广告等。网站推广活动一般发生在网站正式发布之后，当然也不排除一些网站在筹备期间就开始宣传的可能。

4.9　后期维护运行阶段

网站发布之后，还要定期进行维护，主要包括服务器及相关软硬件的维护、网站的内容更新和调整等。

技能训练

乡村旅游是旅游业未来的一个热点，如何让城市消费者在乡村找到称心如意的“吃喝玩乐”内容非常重要。请结合自己的理解和调研结果，设计一份乡村旅游电子商务网站规划书。

思考与练习

1. 电子商务网站规划的原则有哪些？

2. 简述电子商务网站规划的流程。

3. 如何对一个电子商务网站进行风格设计？
4. 如何进行电子商务网站推广？

主题 2　第三方电子商务平台

主题引入

中小企业和大型企业进行 B2B 电子商务交易的形式不同。中小企业主要借助第三方电子商务平台来完成在线交易。从浏览、收集、发布信息，到建立企业信息平台，实施网上采购，再到参与建立行业联合采购平台，完善自己的供应链管理系统等，第三方电子商务平台都起到了至关重要的作用。中小企业选择第三方电子商务平台，为其提供打包的 IT 信息及商务服务，成为中小企业电子商务发展的重要方向。

相关知识

1　第三方电子商务平台的含义

第三方电子商务平台，泛指为独立于产品或服务的提供者和需求者提供认证、交易、支付、物流、信息增值业务等过程服务的开放式网络服务平台。当然，平台与交易双方都要遵守特定的交易与服务规范。

按照不同的平台服务对象，第三方电子商务平台可以分为 B2B 电子商务平台、B2C 电子商务平台和 C2C 电子商务平台。

2　淘宝网

2.1　简介

淘宝网是亚太地区较大的网络零售商圈，由阿里巴巴集团在 2003 年 5 月创立。淘宝网是中国深受欢迎的网购零售平台，拥有近 5 亿的注册用户数，每天有超过 6 000 万的固定访客，同时每天的在线商品数已经超过了 8 亿件，平均每分钟售出 4. 8 万件商品。

2.2　淘宝网传奇卖家

◆ 柠檬绿茶：2003 年随淘宝网成长的 C2C 店卖家，年均交易额达 2 亿元，成为淘宝网最大的集市卖家，现有员工 300 余名。

◆ 裂帛：2006 年诞生，2010 年销售额达 800 万元，2012 年其 C2C 店销售额达 1.88 亿元，天猫店销售额达 3 亿元。2013 年，裂帛收购天使之城，年销售额突破 10 亿元。

◆ 韩都衣舍：2012 年销售额达 7 亿元，2013 年突破 10 亿元。

2.3　淘宝网开店准备

在淘宝网开店与传统开店类似，需要有货源、硬件设备等。下面为大家介绍在淘宝网开店前期需要做哪些准备。

2.3.1　硬件准备

◆ 电脑及网络。

◆ 数码相机：用于给商品拍照。

◆ 打印机（可选）：用于订单及快递单打印，前期订单较少可以不准备。

◆ 银行卡：需要开通网上银行，用于开店认证和在线交易。

◆ 电子版身份证及照片。

◆ 手机号码：需要没有注册过淘宝相关账号的手机号码。

2.3.2　货源准备

◆ 货源类型：服装类、运动类、珠宝类、母婴类、家电类、零食类等。

◆ 货源渠道：自身货源、厂家货源、批发市场、阿里巴巴、品牌代理等。

2.3.3　必备知识技能

◆ 基本操作：能够进行图片处理、文字处理。

◆ 网上支付：熟悉网上支付流程和常见问题。

◆ 产品知识：熟悉产品才能更好地为买家做介绍。

◆ 物流知识：需要对常用物流知识有所了解，包括物流信息的查询及费用等。

◆ 安全意识：因为是网络交易，故一定要有安全意识。

2.4　开店流程

（1）首先登录淘宝网，注册会员，点击“免费注册”进入注册页面（见图 3-2）。

图 3-2　淘宝网注册页面

（2）如实填写资料和密码后，进行认证。选择手机号码验证方式（2016 年淘宝新规定，只能用手机号码注册，不能再用邮箱注册）。填好一切资料，点击“提交”，然后在手机上收取淘宝网发来的验证码，填写验证码激活账号，开店第一步就完成了。淘宝账户验证页面见图 3-3。

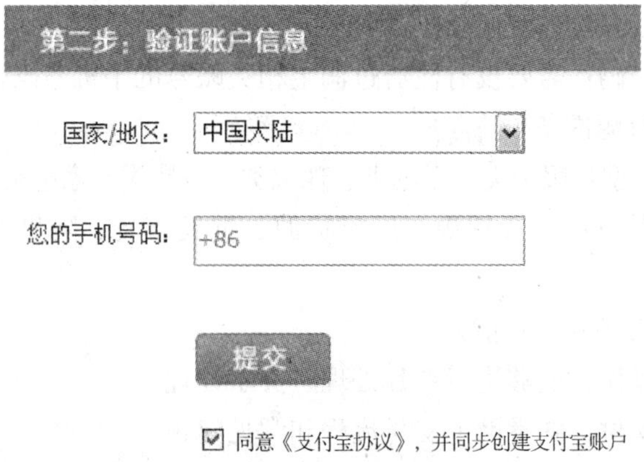

图 3-3　淘宝账户验证页面

（3）下载阿里旺旺在线聊天软件。在淘宝网做生意，与买家的沟通要在阿里旺旺聊天工具上进行。阿里旺旺是卖家与买家沟通的法宝，有许多卖家功能集成在里面，非常实用。而且在买卖过程中，如果卖家与买家有任何的纠纷，阿里旺旺的聊天记录就是最重要的证据。另外，淘宝网官方是不承认 QQ 聊天记录的，因此安装阿里旺旺必不可少。阿里旺旺登录页面如图 3-4 所示。

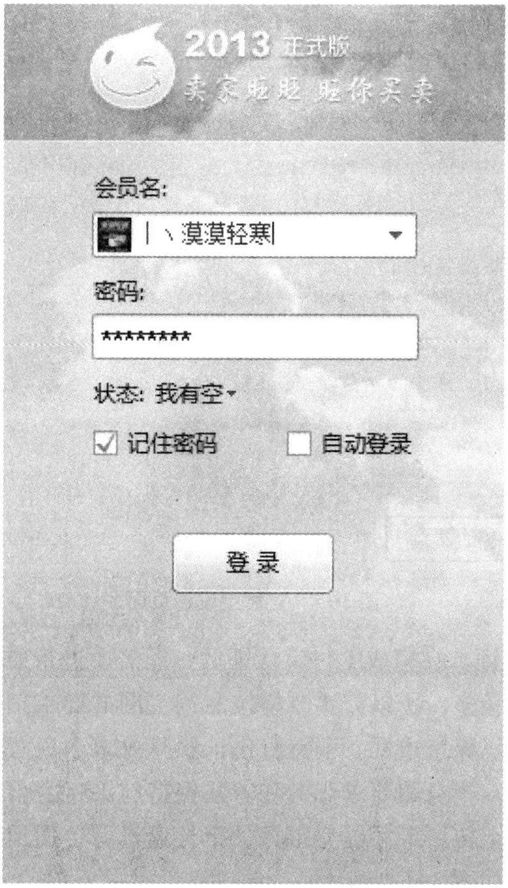

图 3-4　阿里旺旺登录页面

（4）支付宝实名认证。淘宝账号是与第三方支付软件绑定的，所以必须注册一个支付宝。登录“我的淘宝”，按照图 3-5 所示内容进行操作，填写真实的姓名和身份证信息，点击提交后，再按淘宝网的要求尽可能详细地填写相关信息，最后点击提交。如果步骤没错，那么认证便成功了。

图 3-5 支付宝设置页面

（5）照片认证。在完成支付宝认证后，还需要进行照片认证。照片认证的细节要求比较多，所以需要严格按照淘宝网的要求拍摄。身份证背面照要求字面清晰、保留边框。手持身份证照片要求白色背景，保证手部完整，且不要修饰。半身照要求背景和着装保持与手持身份证照片一致。拍摄好照片后便可上传，最后提交审核，审核通过后，便成功开店了。支付宝身份认证页面如图 3-6 所示。

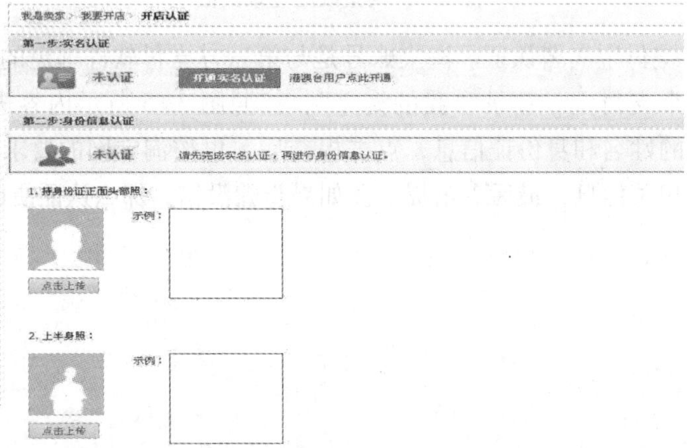

图 3-6 支付宝身份认证页面

专项四　电子商务交易安全

主题 1　认知电子商务交易安全问题

主题引入

21 世纪的中国，互联网正在真实、深刻地改变着人们的生活和工作方式。据统计，目前国内万维网网站大部分缺乏可靠的安全措施。某些网站由于没有安装防火墙等必要的安全设备，加上部分网管人员安全意识淡薄，网站被不法分子以同一种入侵方法入侵多次，这些都让人们充分认识到互联网在电子商务安全方面存在着先天不足。根据美国 FBI 的调查，美国每年因为网络安全问题造成的经济损失超过 170 亿美元。75%的公司报告称财务损失是由计算机安全问题造成的，且超过 50%的安全威胁来自内部，59%的损失可以定量估算。只有 17%的公司愿意报告黑客入侵，而更多的公司由于担心负面影响而未声张。

许多商务网站受到了黑客们不同层次的攻击，不断出现的病毒疯狂肆虐，使得全球成千上万台计算机瘫痪，严重地影响了企业的业务运作。在电子商务交易过程中出现的安全问题能直接导致几十亿美元的损失。

大量的电子商务活动是在公开的网络上进行的。支付信息、订货信息、谈判信息、机密的商务往来文件等商务信息都在计算机系统中存放、传输和处理。计算机诈骗、计算机病毒等造成的商务信息被窃、篡改和破坏，以及机器失效、程序错误、错误操作、传输错误等造成的信息失误或失效，都严重危害着电子商务系统的安全。基于互联网的电子商务活动，对安全通信提出了前所未有的要求。本主题要求学生了解电子商务交易安全的基本问题和基本知识。

相关知识

安全性是影响电子商务健康发展的关键。如何采取高效的安全措施保证电子商务的顺利展开，解决电子商务中存在的一系列安全问题，是电子商务良好运作的基础。

1 电子商务安全概述

电子商务是一个社会与技术相结合的综合性系统，其安全性是一个多层次、多方位的系统概念。

从广义上讲，电子商务安全不仅与计算机系统结构有关，还与电子商务应用的环境、人员素质和社会因素有关。广义上的电子商务安全包括电子商务系统的硬件安全、软件安全、运行安全及电子商务立法。电子商务安全也可以分为两部分，一是计算机网络安全，二是商务交易安全。计算机网络安全的内容包括计算机网络设备安全、计算机网络系统安全、数据库的安全等。其特征是针对计算机网络本身可能存在的安全问题，实施网络安全增强方案，其以保证计算机网络自身的安全为目标。

商务交易安全紧紧围绕传统商务在网络上应用时产生的各种安全问题，其在计算机网络安全的基础上，保障电子交易和电子支付等电子商务的顺利进行，即实现电子商务的保密性、完整性、可鉴别性、不可伪造性和不可抵赖性等。

从狭义上讲，电子商务安全是指电子商务信息的安全，主要包括两方面，即信息的存储安全和信息的传输安全。

计算机网络安全与商务交易安全实际上是密不可分的，两者相辅相成，缺一不可。没有计算机网络安全作为基础，商务交易安全就像空中楼阁，无从谈起；没有商务交易安全保障，即使计算机网络本身再安全，也达不到电子商务所特需的安全要求。

电子商务安全以网络安全为基础，但是，电子商务安全与网络安全又是有区别的。首先，网络不可能绝对安全，在这种情况下，还需要运行安全的电子商务；其次，即使网络绝对安全，也不能保障电子商务的安全。电子商务除了基础安全要求之外，还有特殊安全要求。

电子商务安全是一个复杂的系统问题。电子商务安全立法与电子商务应用的环境、人员素质、社会有关，基本上不属于技术上的系统设计问题，而硬件安全是目前硬件技术水平能够解决的问题。鉴于现代计算机系统软件的庞大和复杂性，软件安全成为电子商务系统安全的关键问题。

2　电子商务安全问题产生的原因

电子商务安全问题，不仅仅是网络安全问题，还包括信息安全问题、交易过程安全问题。

2.1　管理问题

大多数电子商务网站缺乏统一的管理，没有一个合理的评价标准。同时，安全管理也存在很大隐患，大多数网站普遍易受黑客的攻击，造成服务器瘫痪，使网站的信誉受到极大损害。

2.2　技术问题

当前，网络安全在全球还没有形成一个完整的体系。虽然有关电子商务安全技术的产品数量不少，但真正通过认证的却相当少。全球安全技术的强度普遍不够，虽然国外电子商务安全技术的结构或加密技术都不错，但这种加密算法受到外国密码政策的限制，故对其他国出口的安全技术往往强度不够。

2.3　环境问题

社会环境给电子商务发展带来的影响也不小。如今，社会法制建设不够，相关法律建设跟不上电子商务发展要求的法律基础保证。

3　有关电子商务的安全性要求

3.1　对电子商务活动安全性的要求

3.1.1　服务的有效性要求

电子商务系统应能防止服务失败情况的发生，预防由于网络故障和病毒发作等因素产生的系统停止服务等情况，保证交易数据能准确、快速地传送。

3.1.2　交易信息的保密性要求

电子商务系统应对用户传送的信息进行有效加密，防止信息被截取破译，同时要防止信息被越权访问。

3.1.3　数据的完整性要求

数据完整性是指在数据处理过程中，原来的数据和现行数据之间保持完全一致。为了保障商务交易的严肃和公正，交易的文件是不可被修改的，否则必然会损害一方的商业利益。

3.1.4　身份认证的要求

电子商务系统应提供安全有效的身份认证机制，确保交易双方的信息都是合法有效的，且在发生交易纠纷时可提供法律依据。

3.2　电子商务的主要安全要素

3.2.1　信息真实性、有效性

电子商务以电子形式取代了纸张，如何保证这种电子形式的贸易信息的有效性和真实性则是开展电子商务的前提。电子商务作为贸易的一种形式，其信息的有效性和真实性将直接关系到个人、企业或国家的经济利益和声誉。

3.2.2　信息机密性

电子商务作为贸易的一种手段，其信息直接代表着个人、企业或国家的商业机密。传统的纸面贸易都是通过邮寄封装的信件或利用可靠的通信渠道发送商业报文来达到保守机密的目的。电子商务是建立在一个较为开放的网络环境中的，防泄密是电子商务全面推广应用的重要保障。

3.2.3　信息完整性

电子商务简化了贸易过程，减少了人为的干预，同时也带来了维护商业信息的完整、统一的问题。数据输入时的意外差错或欺诈行为，可能导致贸易各方信息的差异。此外，数据传输过程中信息的丢失、信息的重复或信息传送的次序差异也会导致贸易各方信息的不对称。因此，电子商务系统应充分保证数据传输、存储及电子商务完整性检查的正确和可靠。

3.2.4　信息可靠性、可鉴别性和不可抵赖性

可靠性要求是指能保证合法用户对信息和资源的使用不会被不正当地拒绝；可鉴别性要求是指能控制使用资源的人或实体的使用方式；不可抵赖性要求是指能建立有效的责任机制，防止实体否认其行为。在传统的纸面贸易中，贸易双方通过在交易合同、契约或贸易单据等书面文件上手写签名或盖上印章来鉴别贸易伙伴，确定合同、契约、单据的可靠性，并预防抵赖行为的发生。

3.2.5　交易审查能力

依据在交易过程中信息传输机密性和完整性的要求，应对数据审查的结果进行记录。无纸化的电子商务方式下，通过手写签名和盖上印章进行贸易方的鉴别已是不可能。因此，在交易信息的传输过程中，应为参与交易的个人、企业或国家提供可靠的标志。在互联网上，个人都是匿名的，电子商务系统应充分保证发送方在发送数据后不能抵赖，接收方在接收数据后也不能抵赖。

4　常见的电子商务安全问题

互联网的完全开放性，以及不可预知的管理漏洞、技术威胁等的出现，带来了各种各样的安全问题。其中，主要隐患为网络安全隐患、交易隐患。

4.1　网络安全隐患

电子商务依赖计算机系统的正常运行开展业务，网络设备本身的物理故障将导致电子商务无法正常进行；网络恶意攻击使得网络被破坏，造成系统瘫痪；虽然在进行电子商务交易前采用了一些网络安全设备（如防火墙、杀毒软件等），但由于安全产品本身的问题或者使用上的不当，这些产品并不能起到应有的作用。

4.2　交易隐患

交易隐患是困扰电子商务正常进行的最大障碍。在交易过程中，常常存在隐患，如攻击者通过非法手段盗用合法用户的身份信息；仿冒合法用户的身份与他人进行交易，进行信息欺诈与信息破坏，从而获得非法利益。

5　保护措施

如何建立一个安全、便捷的电子商务应用环境，对信息提供足够的保护，是商家和用户都十分关注的话题。防火墙、虚拟专用网络（VPN）、数字签名等，这些安全产品和技术的使用可以从一定程度上满足网络安全需求，但不能满足整体的安全需求，因为它们只能保护特定的某一方面。如防火墙的最主要功能就是访问控制功能，虚拟专用网络可以实现加密传输，数字签名技术可以保证用户身份的真实性和不可抵赖性。而对于网络系统来讲，它需要一种整体的安全策略，这个策略不仅仅包括安全保护，还应该包括安全治理、实时监控、响应和恢复措施。由于目前没有绝对的安全，无论网络系统部署得如何周密，系统总会有被攻击和攻破的可能。若发生问题，应采取一些恢复措施，在最短的时间内使网络系统恢复正常工作。

通常情况下，我们可以用以下方法来保证电子商务安全运作：

5.1　安全治理

安全治理就是通过一些治理手段来达到保护网络安全的目的。它所包含的内容有安全治理制度的制定、实施和监督，安全策略的制定、实施、评估和修改，以及对人员的安全意识的教育等。

5.2　保护

保护就是采用一些网络安全产品、工具和技术保护网络系统、数据和用户。这种保护可以称为静态保护，它通常是指一些基本防护，不具有实时性。例如，在制定的安全策略中有一条规定，即不应答外部网用户访问内部网的 Web 服务器，因此可以在防火墙的规则中加入一条规定，即禁止所有外部网用户连接到内部网 Web 服务器的请求。这样，一旦这条规则生效，它就会持续有效，除非改变了这条规则。这样的保护可以预防已知的一些安全威胁，而且通常这些威胁不会变化，所以我们将之称为静态保护。

5.3　监控、审计

监控就是实时监控网络上正在发生的事情，这是任何一个网络治理员都想知道的。审计一直被认为是经典安全模型的一个重要组成部分。审计是通过记录下通过网络的所有数据包，然后分析这些数据包，查找已知的攻击手段、可疑的破坏行为，来达到保护网络的目的。监控和审计是实时保护的一种策略，它主要满足一种动态安全的需求。因为网络安全技术在发展的同时，黑客技术也在不断发展，因此网络安全不是一成不变的，故我们应该时刻关注网络安全的发展动向，以及网络上发生的各种各样的事情，以便及时发现新的攻击，制定新的安全策略。有些人可能会认为有了监控和审计就不再需要安全保护，这种想法是错误的，因为安全保护是基本保护，监控和审计只是有效的补充，只有这两者有效结合，才能够满足动态安全的需要。

5.4　响应

响应是指当攻击正在发生时，系统能够及时做出反应，如向治理员报告，或者自动阻断连接等，防止攻击进一步发生。响应是整个安全架构中的重要组成部分，因为即使网络构筑得相当安全，攻击或非法事件也是不可避免的。当攻击或非法事件发生的时候，应该有一种机制对此做出反应，以便让治理员及时了解到网络什么时候遭到了攻击，攻击的行为是什么样的，攻击的结果如何，应该采取什么样的措施来修补安全漏洞等，以弥补这次攻击的损失，防止此类攻击再次发生。

5.5　恢复

入侵发生后，对系统造成了一定的破坏，如网络不能正常工作、系统数据被破坏等。这时，必须有一套机制来及时恢复系统的正常工作，故恢复在电子商务安全的整体架构中也是不可缺少的一个组成部分。恢复是最终措施，因为攻击已经发生了，系统也遭到了破坏，这时让系统以最快的速度运行起来才是最重要的，否则损失将更为严重。

思考与练习

1. 电子商务的主要安全因素是什么？
2. 常见的电子商务安全问题有哪些？
3. 如何有效防止网络诈骗？

主题 2　电子商务安全技术

主题引入

中国金融认证中心（CFCA）的调查表明，约有 70%的人认为网上交易不安全。我国网上银行用户中，懂得使用第三方数字证书保护资金安全的还不到三分之一。2007 年 12 月，CFCA 公布的《2007 年中国网上银行调查报告》表明，无论是企业用户还是个人用户在选择网上银行时，最重视的是网上银行的安全性能。随着网上银行业务的发展，网上银行安全事件也不断增多。国内连续发生假冒网站、网银大盗等事件，造成客户资金损失，给网上银行和网银用户带来了非常不利的影响。那么，如何才能保障网上交易资金的安全和用户的合法权益呢？本主题要求学生能够学会使用电子商务安全技术来保证自身的合法权益。

相关知识

要提高电子商务的安全性，需要企业本身采取更为严格的管理措施，还需要国家建立健全法律制度，更需要有科学、先进的安全技术。在电子商务交易中，经济信息、资金都要通过网络传输，交易双方的身份也需要进行认证。因此，电子商务的安全性主要是指网络平台的安全和交易信息的安全。常用的电子商务安全保护措施有防火墙技术、数据加密技术、电子商务认证技术、安全协议。

1　防火墙技术

防火墙作为电子商务安全的一种防护手段，得到了广泛的应用，已成为各企业实施网络安全保护的核心。安全管理员可以通过防火墙选择性地拒绝进出网络的数据流量，加强对网络的保护。

1.1　防火墙的概念

防火墙技术是内部网最重要的安全技术之一，其是一个由软件系统和硬件设备组合而成的在内部网和外部网之间的界面上构造的保护屏幕，它可以提供接入控制。所有的内部网和外部网之间的连接都必须经过该保护层，在此进行检查和连接。只有被授权的通信才能够通过此保护层，从而使内部网络与外部网络在某种意义上隔离。如此，可以防止非法入侵、防止非法使用系统资源，执行安全管制措施，记录所有可疑的事件。防火墙能保证只有授权的人才可以访问内部网，且资源和有价值的数据不会流出内部网。防火墙结构如图 4-1 所示。

图 4-1　防火墙结构

一般来说，设计和构筑一个防火墙需要考虑以下几个主要因素：

1.1.1　网络策略

防火墙是保护网络安全的一种方法，它能够强化网络安全策略。因此，防火墙的建设和配置都是与网络策略紧密相连的。也就是说，建立一个防火墙系统可能直接影响到网络的结构和策略。同时，在设计、安装和使用一个防火墙时，网络服务访问策略和防火墙的设计策略对其有直接影响。

1.1.2　认证机制

认证机制是网络防护中的重要环节，因而，为了加强网络的安全控制，必须在安全控制设备上采用诸如智能卡、认证串等一些基于附加软件的认证机制。目前，在防火墙中应用得最多的认证方式就是一次性口令认证。

1.1.3　防火墙的基本实现类型

目前有各种各样的防火墙，但就其处理的数据对象来说，可分为包过滤防火墙和应用网关防火墙两种类型。包过滤防火墙通过处理通过网络的IP包的信息，实现进出网络的安全控制，它的处理对象是一个个的IP包。应用网关防火墙是通过对网络服务的代理，检查进出网络的各种服务，它的处理对象是各种不同的应用服务。

1.2　防火墙的主要作用

◆ 限制某些用户或信息进入一个被严格控制的站点。

◆ 防止攻击者接近其他防御工具。

◆ 限制某些用户或信息离开一个被严格控制的站点。

1.3　防火墙设置的基本原则

◆ 由内到外或由外到内的数据流均经过防火墙。

◆ 只允许本地安全政策认可的数据流通过防火墙。对于任何一个数据组，当不能明确其是否被允许通过防火墙时，就拒绝其通过，只让真正合法的数据组通过。

◆ 尽可能控制外部用户访问内部网，严格控制外部用户进入内部网。如果有些文件要向外部用户开放，最好将这些文件放在防火墙外。

◆ 具有足够的透明性，保证正常业务流通。

◆ 具有抗穿透攻击能力，能够强化记录，能够进行审计和报警。

1.4　防火墙的分类

防火墙软件通常是在TCP网络软件的基础上进行改造和再开发形成的。目前使用的防火墙产品可以分为两种类型：包过滤型和应用网关型。

包过滤型防火墙可以动态检查流过的TCP/IP报文头，检查报文头中的报文类型、源IP地址、目的IP地址、源端口号等，根据事先定义的规则，决定哪些报文允许通过，哪些报文禁止通过。

应用网关型防火墙使用代理技术，在内部网和外部网之间设置了一个物理屏障。对于外部网用户或内部网用户的文件传输协议（FTP）等高层网络协议的服务请求，防火墙的代理服务机制会对其进行合法性检查，决定接受还是拒绝。对于合法的用户服务请求，代理服务机制连接内部网和外部网，并作为通信的中介，保护内部网络资源不受侵害。大部分应用网关型防火墙只能提供有限的基本应用服务，若要增加新的应用服务，则必须编写新的程序。

1.5 防火墙的安全策略

没有被列为允许访问的服务都是被禁止的，这意味着需要确定所有可以被提供的服务以及其安全特性，并开放这些服务，将所有其他未列入的服务排斥在外，禁止访问。

2 数据加密技术

采用密码技术对信息进行加密，是最常用的安全交易手段。在电子商务中，加密技术是通过使用代码或密码来保障信息数据的安全性的。加密的目的是防止他人破译信息系统中的机密信息。加密技术主要从以下几个方面来实现和分类：

2.1 加密与解密

加密是指将数据按照一定的规则进行编码，使它成为一种按常规思维不可理解的形式，这种不可理解的内容便是密文。解密是加密的逆过程，即将密文还原成原来可被理解的形式。

加密处理过程比较简单，它依据加密公式（即算法），把明文转化成不可读的密文，然后再把密文翻译回明文。加密的核心是一个称为密钥的数值，它是加密算法的一个组成部分，引导整个加密过程。下面，我们通过一个例子来讲解加密、解密、算法和密钥。

例如，将字母的自然顺序保持不变，但使之分别与相差4个字母的字母相对应。这条规则就是加密算法，其中“4”为密钥。若原信息为“How are you”，则按照这个加密算法和密钥，加密后的密文就是“Lsa evi csy”。

算法和密钥在加密和解密过程中是相互配合的，二者缺一不可。一般来说，加密算法是不变的，存在的加密算法也是屈指可数的（主要有序列密码、分组密码、公开密钥密码、HASH 函数)，但是密钥是变化的。因此，加密技术的关键是密钥。密钥的好处是：

◆ 设计算法很困难，而密钥的变化解决了这一难题。

◆ 信息的发送方只需使用一个算法，不同的密钥可以向多个接收方发送密文。

◆ 如果密文被破译，换一个密钥就能解决问题。

2.2　密钥的长度

密钥的长度是指密钥的位数。密文的破译实际上是指经过长时间的测算密钥，破获密钥后解开密文。使用长钥，才能使加密系统牢固。例如，一个 16 位的密钥有 65 536 种不同的密钥，顺序猜测 65 536 种密钥对计算机来说是很容易的。但如果是一个 100 位的密钥，计算机猜测密钥的时间就需要几个世纪了。因此，密钥的位数越长，加密系统越牢固。

2.3　密码分析

不知道系统所用的密钥，但可能从所截获的密文或其他信息推断出明文所用的密钥，这一过程称为密码分析。为了保护信息的保密性，抵抗密码分析，一个加密体制至少应满足以下条件：

◆ 从截获的密文来确定明文或需保密的密钥在计算上是不可行的。

◆ 系统的保密性不依赖于对加密体制的保密，而依赖于密钥。

◆ 系统易于实现且使用方便。

2.4　对称密钥系统

对称密钥系统又称常规密钥、密码体制或单钥加密体制，是指使用相同的密钥加密、解密，发送者和接收者有相同的密钥。这样就解决了信息的保密性问题，其过程如图 4-2 所示。这是最早的加密方法，典型代表是美国的数据加密标准（DES）。

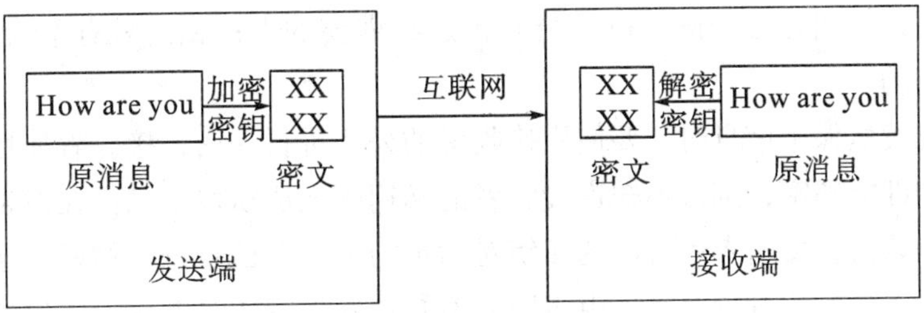

图 4-2　对称密钥加密、解密过程

根据明文的加密方式的不同，又可将单钥加密体制分为两类：一类是流密码（又称流加密），在这类体制中，明文按字符逐位地被加密；另一类是分组密码（又称块加密），在这类体制中，先将明文分组（每组含有多个字符），然后逐组地加密。

由于计算机能力的不断增强，破译 DES 的专用机器已经被制造出来，DES 算法已经不能适应当前的信息安全要求。美国政府正在积极推动适用于 21 世纪的新的加密标准 AES 的研究。

长期以来，美国政府严格限制可出口的密码算法的密钥长度（64 位），所以，对于中国来说，简单地采用国外算法等于把自己的安全拱手让给他人控制。故此，必须拥有属于自己的安全强度高的优秀分组密码，也必须有能力设计实现这样的自主算法。迅速发展的电子商务呼唤早日出台属于我国自己的分组密码算法标准，以满足广泛需要，保护公众和国家的利益。

2.5　公钥和私钥系统

上述的对称密钥系统并没有真正解决问题。如果接收者不知道这个密钥怎么办，是否将密钥传过去？这又面临着把这个密钥加密的问题。于是就有了公钥和私钥系统，又称公开密钥密码体制。它出现于 1976 年，最主要的特点就是加密和解密使用不同的密钥，每个用户保存着一对密钥——公钥和私钥，因此，这种体制又称双钥或非对称密钥密码体制。

公钥和私钥系统使用两个密钥，如果一个用于加密，另一个可用于解密。其中，较著名的是 RSA 算法，是由 Rivest、Shamir、Adleman 三人发明的。两个密钥是两个很大的质数，用其中的一个质数与原信息相乘，对信息加密，再用另一个质数与收到的信息相乘来解密。但需要说明的是，不能用其中的一个质数求出另一个质数。每个网络上的用户都有一对公钥和私钥，公钥是公开的，可以公开传送给需要的人；私钥只有本人知道，是保密的。

在发送保密信息时，要使用接收者的公钥进行加密，接收者使用自己的私钥即能解密，别人不知道接收者的私钥则无法窃取信息。在对发送者进行确认时，发送者用自己的私钥对约定的可公开信息进行加密，接收者用发送者的公钥进行解密；由于别人不知道发送者的私钥，无法发出能用其公钥解得开的信息，因此发送者无法抵赖。非对称密钥密码体制的典型代表是 RSA 体制，其加密、解密过程如图 4-3 所示。

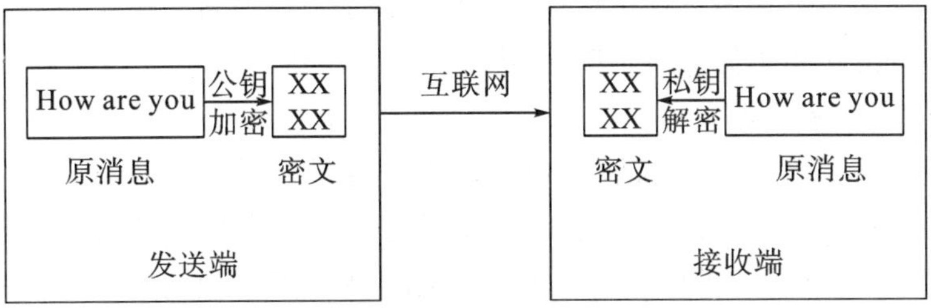

图 4-3　非对称密钥加密、解密过程

非对称密钥的特点如下：

◆ 密钥是成对生成的，这两个密钥互不相同，一个用于加密，另一个则用于解密；反之亦然。

◆ 不能根据一个密钥推算得出另一个密钥。

◆ 一个密钥对外公开，称为公钥；另一个仅持有人知道，称为私钥。

◆ 每个用户只需一对密钥即可实现与多个用户的保密通信。

对称密码系统的缺陷之一是通信双方在进行通信之前需要通过一个安全信道交换密钥，这在实际应用中通常是非常困难的。而双钥密码体制可使通信双方无须事先交换密钥就可实现保密通信。但是双钥体制算法要比单钥算法慢得多，因此，在实际通信中，一般利用双钥体制来保护和分配（交换）密钥（主要用于认证，比如数字签名、身份识别等），而利用单钥体制加密消息。

3　电子商务认证技术

电子商务认证技术是电子商务安全交易的一种重要手段。认证的目的有两个：一是验证信息的发送者不是假冒的；二是验证信息的完整性，即验证信息在传递或存储过程中未被篡改、重放、延迟等。

3.1　数字摘要

数字摘要（Digital Digest）也称安全 Hash 编码法或 MD5，由 Ron Rivest 设计。该编码法采用单向 Hash 函数将需加密的明文摘要成一串 128 位的密文，这一串密文亦被称为数字指纹（Finger Print）。该串密文有固定的长度，且不同的明文摘要成密文，其结果总是不同的，而同样的明文，其摘要必定一致。数字摘要由单向 Hash 加密算法对一个消息作用而生成。发送端将消息和摘要一同发送，接收端收到后，利用 Hash 函数对收到的消息产生一个摘要，与收到的摘要对比，若相同，则说明收到的消息是完整的，在传输过程中没有被修改，否则，就是被修改过，不是原消息。数字摘要方法解决了信息的完整性问题。

3.2　数字签名

政治、军事、外交等活动中签署文件，商业上签订契约和合同，日常生活中在书信上签字，以及从银行取款等事务中的签字，传统上都采用手写签名或盖上印章。随着信息时代的来临，人们希望通过数字通信网络进行远距离的贸易合同签名，数字或电子签名技术应运而生，并开始用于商业通信系统，如电子邮递、电子转账、办公自动化等。其加密、解密过程如图 4-4 所示。

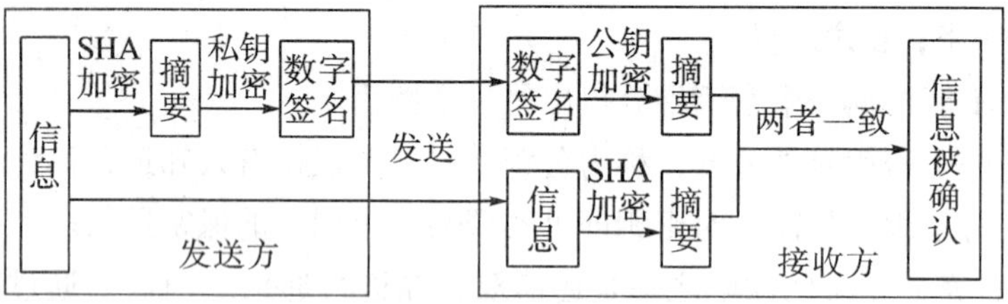

图 4-4　数字签名加密、解密过程

注：SHA 即安全散列算法。

一个数字签名算法至少应满足三个条件：

◆ 数字签名者事后不能否认自己的签名。

◆ 接收者能验证签名，而任何人都不能伪造签名。

◆ 当双方关于签名的真伪发生争执时，使用验证算法得出“真”或“假”的回答。

一个签名算法主要由两个算法组成，即签名算法和验证算法。签名者能使用一个（秘密）签名算法签一个消息，所得的签名可以通过公开的验证算法来验证。给定一个签名，使用验证算法得出“真”或“假”的回答。

目前已有大量的签名算法，比如 RSA 数字签名算法、椭圆曲线数字签名算法等。

数字签名（Digital Signature）技术是将摘要用发送者的私钥加密，与原文一起传送给接收者。接收者只有用发送者的公钥才能解密被加密的摘要，然后用 Hash 函数对收到的原文产生一个摘要，与解密的摘要对比，若相同，则说明收到的信息是完整的，在传输过程中没有被修改，否则就被修改过，不是原信息。同时，发送者也无法否认自己发送了信息。如此，数字签名保证了信息的完整性和不可否认性。

3.3　数字时间戳

在交易文件中，时间和签名都是十分重要的证明文件有效性的内容。数字时间戳（Kigital Time Stamp）就是用来证明消息的收发时间的。用户首先将需要加时间戳的文件用 Hash 函数加密形成摘要，然后将摘要发送到专门提供数字时间戳服务的权威机构，该机构对原摘要加上时间后，进行数字签名（用私钥加密），并发送给用户。

3.4　数字证书

3.4.1　认证中心

怎样证明公钥的真实性？即怎样证明一个公钥确实属于信息发送者，而不是冒充信息发送者的另一个人？这就要靠第三方证实该公钥确属于真正的信息发送者。认证中心就是这样的第三方，其是一个权威机构，专门验证交易双方的身份。验证方法是接受个人、商家、银行等涉及交易的实体申请数字证书，核实情况，批准或拒绝申请，批准的便颁发数字证书。认证中心除了颁发数字证书外，还具有管理、搜索和验证证书的职能。通过证书管理，可以检查所申请证书的状态（等待、有效、过期等），还可以废除、更新证书；通过搜索证书，可以查找并下载某个持有人的证书；验证个人证书可帮助确定一张个人证书是否已经被其持有人废除。

3.4.2　数字证书

数字证书（Digital ID）又称为数字凭证、数字标志。它含有证书持有者的有关信息，以显示其身份。证书包括以下内容：证书拥有者的姓名、证书拥有者的公钥、公钥的有效期、颁发数字证书的单位、颁发数字证书单位的数字签名、数字证书的序列号。

3.4.3　数字证书的类型

数字证书有三种类型：个人数字证书、企业（服务器）数字证书、软件（开发者）数字证书。

个人数字证书仅仅为某个用户提出凭证，其一般安装在客户浏览器上，以帮助其个人在网上进行安全交易额操作，包括访问需要客户验证安全的互联网站点；用自己的数字证书发送有自己签名的电子邮件；用对方的数字证书向对方发送加密的邮件。

企业（服务器）数字证书为网上的某个 Web 服务器提供凭证，有服务器的企业就可以用具有凭证的 Web 站点进行安全电子交易，包括开启服务器SSL安全通道，使用户和服务器之间的数字传送以加密的形式进行；要求客户出示个人证书，保证Web服务器不被未授权的用户入侵。

软件（开发者）数字证书为软件提供凭证，证明该软件的合法性。

3.4.4 认证中心的树形验证结构

双方通信时，通过出示由某个认证中心（CA）签发的证书来证明自己的身份，如果对签发证书的CA本身不信任，则可验证CA的身份，逐级进行，一直到公认的权威CA处，就可确认证书的有效性。每一个证书与数字化签发证书的认证中心的签名证书关联。沿着信任树一直到一个公认的信任组织，就可确认该证书是有效的。例如，C的证书是由名称为B的CA签发的，而B的证书是由名称为A的CA签发的，A是权威的机构，通常称为根CA。验证到了根CA处，就可确信C的证书是合法的。

4 安全协议

近年来，金融界与信息业共同推出了多种有效的安全交易标准。目前，互联网上有几种加密电子协议在使用，对七层网络模型的每一层都提出了相应的协议。对应用层有SET协议、S-HTTP协议、S/MIME协议，对会话层有SSL协议。

4.1 安全超文本传输协议

HTTPS（Secure Hypertext Transfer Protocol）是由Netscape开发并内置于其浏览器中的，其用于对数据进行压缩和解压操作，并返回网络上传送回的结果。HTTPS实际上应用了Netscape的完全套接字层（SSL）作为HTTP应用层的子层（HTTPS使用端口443，而不是像HTTP那样使用端口80来和TCP/IP进行通信）。SSL使用40位关键字作为RC4流加密算法，这对于商业信息的加密是合适的。HTTPS和SSL支持使用X.509数字认证，如果需要的话，用户可以确认发送者是谁。

HTTPS是以安全为目标的HTTP通道，简单讲是HTTP的安全版。即HTTP下加入SSL层，HTTPS的安全基础是SSL，因此加密的详细内容要看SSL。

如果主页的统一资源定位符（URL）以“HTTPS://”开始，说明该页遵从超文本传输协议。例如，在前面申请数字凭证的过程中，ViriSign的每个页面的URL以“HTTPS://”开始，这就表示该站点的Web页面是安全的，即能够保证申请人的个人信息、信用卡信息在Web站点上是安全的。

4.2　安全套接层协议

SSL是由Netscape研发的，用以保障在互联网上数据传输的安全。其利用数据加密技术，可确保数据在网络传输过程中不会被截取及窃听。目前，SSL一般通用的规格为40位安全标准，美国则已推出128位的更高安全标准，但限制出境。SSL已被广泛地用于web浏览器与服务器之间的身份认证和加密数据传输。

SSL协议位于TCP/IP协议与各种应用层协议之间，为数据通信提供安全支持。SSL协议可分为两层。SSL记录协议（SSL Record Protocol）建立在可靠的传输协议（如TCP）之上，为高层协议提供数据封装、压缩、加密等基本功能的支持。SSL握手协议（SSL Hand Shake Protocol）建立在SSL记录协议之上，用于通信双方在实际的数据传输开始前进行身份认证、协商加密算法、交换加密密钥等。

在SSL中，采用了公开密钥和专有私钥两种加密方式，即在建立连接过程中采用公开密钥和在会话过程中使用专有密钥。

加密的类型和强度则在两端之间建立连接的过程中判断决定。在所有情况下，服务器通过以下方法向客户机证实自身：给予包含公开密钥的、可验证的证明；演示对用此公开密码加密的报文进行解密。

有时，客户机可以提供表明本身（用户）身份的证明。会话密钥是从客户机选择的数据中推导出来的，该数据用服务器的公开密钥加密。在每个SSL会话（其中客户机和服务器都被证实身份）中，服务器都被要求完成一次使用服务器私钥的操作和一次使用客户机公开密钥的操作。

SSL协议的工作流程如下：

（1）服务器认证阶段：①客户端向服务器发送一个开始信息“Hello”，以便开始一个新的会话连接；②服务器根据客户的信息确定是否需要生成新的主密钥，如需要则服务器在响应客户的“Hello”信息时将包含生成主密钥所需的信息；③客户根据收到的服务器响应信息，产生一个主密钥，并用服务器的公开密钥加密后传给服务器；④服务器恢复该主密钥，并返回给客户一个用主密钥认证的信息，以此让客户认证服务器。

（2）用户认证阶段。在此之前，服务器已经通过了客户认证，这一阶段主要完成对客户的认证。经认证的服务器发送一个提问给客户，客户则返回（数字）签名后的提问和其公开密钥，从而向服务器提供认证。

从SSL协议所提供的服务及其工作流程可以看出，SSL协议运行的基础是商家对消费者信息保密的承诺，这就有利于商家而不利于消费者。在电子商务初级阶段，由于运作电子商务的企业大多是信誉较高的大公司，因此该问题还没有充分暴露出来。但随着电子商务的发展，各中小型公司也参与进来，这样在电子支付过程中的单一认证问题就越来越突出。虽然在SSL 3.0中通过数字签名和数字证书可实现浏览器和Web服务器双方的身份验证，但是SSL协议仍存在一些问题。比如，只能提供交易中客户与服务器间的双方认证，在涉及多方的电子交易中，SSL协议并不能协调各方间的安全传输和信任关系。在这种情况下，Visa和Mastercard两大信用卡公司组织制定了SET协议，为网上信用卡支付提供了全球性的标准。

4.3 安全电子交易协议

安全电子交易协议（Secure Electronic Transaction，SET）是为用户、商家和银行之间通过信用卡支付的交易而设计的。SET包含多个部分，以解决交易中不同阶段的问题。1995年，信用卡国际组织、信息服务商及网络安全团体等开始组成策略同盟，共同研究开发电子商务的安全交易。SET在1996年2月由Visa和Mastercard提出，加入SET协议的包括微软、Netscape、GTE、IBM、SAIC、Terisa、ViriSign等公司。SET是基于来源于RSA数据安全的公共加密和身份确认技术，其使用数字签名和持卡人证书，对商户进行认证；使用加密技术确保交易数据的安全性；使用数字签名确保支付信息的完整性和各方对有关交易事项的不可否认性；使用双重签名保证购物信息和支付信息的私密性，使商户看不到持卡人的信用卡号。SET有望成为未来电子商务的规范。

SET交易过程中要对商家、客户、支付网关等交易各方进行身份认证，因此它的交易过程相对复杂。交易过程具体如下：

（1）客户在网上商店看中商品后，和商家进行磋商，然后发出请求购买的信息。

（2）商家要求客户用电子钱包付款。

（3）电子钱包提示客户输入口令后与商家交换握手信息，确认商家和客户两端均合法。

（4）客户的电子钱包形成一个包含订购信息与支付指令的报文发送给商家。

（5）商家将含有客户支付指令的信息发送给支付网关。

（6）支付网关在确认客户信用卡信息之后，向商家发送一个授权响应的报文。

（7）商家向客户的电子钱包发送一个确认信息。

（8）将款项从客户账号转到商家账号，然后给客户送货，交易结束。

SET 协议中，支付环境的信息保密性是通过公钥加密法和私钥加密法结合起来的算法来加密支付信息而获得的。它采用的公钥加密算法是 RSA 的公钥密码体制，私钥加密算法是采用 DES 数据加密标准。这两种不同加密技术的结合应用在 SET 中被形象地称为数字信封，RSA 加密相当于用信封密封，消息首先以 56 位的 DES 密钥加密，然后装入使用 1024 位 RSA 公钥加密的数字信封给交易双方传输。这两种密钥相结合的办法保证了交易中数据信息的保密性。

4.4　SET 协议和 SSL 协议的比较

支付系统是电子商务的关键。安全套接层协议（SSL）和安全电子交易协议（SET）是两种重要的通信协议，它们都提供了通过互联网进行的支付手段。虽然它们都普遍应用于电子商务交易中，但是它们最初设计的目的不同，除了都使用 RSA 公钥算法以外，没有其他技术方面的相似之处。

SSL 提供了两台机器之间的安全链接，支付系统常常通过在 SSL 连接上传输信用卡号的方式来构建，在线银行和其他金融机构也经常构建在 SSL 上。SSL 被广泛应用的原因在于它被大部分 Web 浏览器和 Web 服务器所内置，所以容易投入使用。

SET 是一种基于信息流的协议，是一个多方的报文协议，它定义了银行、商家，持卡人之间必须符合的报文规范。与此同时，SSL 是面向连接的，而 SET 允许各方之间的报文交换不是实时的。SET 报文能够在银行内部网或者其他网络上传输，而 SSL 之上的支付系统只能与 Web 浏览器捆绑在一起。

SSL 与 SET 协议的相关参数和购物过程的比较见表 4-1 和表 4-2。

表 4-1 SSL 协议与 SET 协议的比较

	SSL 协议	SET 协议
工作层次	传输层与应用层之间	应用层
是否透明	透明	不透明
过程	简单	复杂
效率	高	低
安全性	商家掌握消费者 IP	消费者 IP 对商家保密
认证机制	双方认证	多方认证
是否专为 EC 设计	否	是

表 4-2 SSL 协议与 SET 协议购物过程的比较

	SSL 协议	SET 协议
缺点	风险负担较大，黑客容易侵入，信用卡不安全	交易过程复杂，处理效率低
优点	使用方便	身份确定性、交易安全性、资料完整性、交易抗否认性
安全性	低	高
风险性责任归属	商家及消费者	SET 相关认证组织

综上分析，并结合目前我国的具体情况，可得出如下结论：

第一，近期，SET 与 SSL 共存，优势互补。如美国较多采用的是“面向商家的 SET 协议”，即在银行与商家之间采用 SSL 协议，银行内部采用 SET 协议，但这对银行的要求就更高了。

第二，远期，开发一种能融合 SET 与 SSL 优点的安全协议和认证体系，即在深入剖析 SET、SSL 协议的基础上，建立一个以 PKI 与 CPK（CPK 是我国学者提出的一种新的组合更高了公钥机制：以少量的种子，派生几乎无限的公钥）为基础的框架，以 CPK 体制建立直接级信任（一级信任）和二级信任，解决内部网的认证；以 PKI 建立二级和二级以上的信任，解决与外部网之间的认证，并能兼容 B2B、B2C 的安全协议和认证体系，以适应信用卡、电子现金、电子支票等各种电子交易模式。该种猜想发展前景良好，将来必会取代 SSL、SET 协议成为电子商务的主流安全协议。

知识链接

第三方认证机构（CA）是指经国家主管部门批准，为网上交易双方提供安全服务的机构，其处于交易双方之外，不涉及交易双方的利益，具有权威性、可信性和公正性。根据《中华人民共和国电子签名法》（以下简称《电子签名法》）和《电子认证服务管理办法》的规定，面向社会公众的服务，必须由依法设立的第三方认证机构提供服务。基于PKI（公开密钥体系）的第三方数字证书机制是解决当前网上支付安全的有效手段。

1. 使用第三方认证有法可依。《电子签名法》于2005年4月1日开始执行。《电子签名法》中规定：可靠的电子签名与手写签名或者盖章具有同等的法律效力。

2. 第三方认证机构操作规范，权威性毋庸置疑。第三方CA按照《电子签名法》和《电子认证服务管理办法》规定的市场准入条件提供服务，其运营还需要接受电子认证服务管理办公室等国家有关部门的管理和监督，各项操作更具规范性。第三方CA是网上电子认证的权威机构，其所颁发的数字证书就是网上的身份证，是一个权威的电子文档，用它对应的私钥所作的签名，才符合《电子签名法》对电子签名的要求。

3. 第三方认证机构能够提供专业性更强的服务，服务品质可信度高。第三方CA符合《电子签名法》《电子认证服务管理办法》的要求，具有独立的企业法人资格，具有合格的、足够的从事电子认证服务的专业技术人员、运营管理人员、安全管理人员和客户服务人员，有足够的资金实力，具有固定的经营场所和满足电子认证服务要求的物理环境，具有符合国家有关安全标准的技术和设备，具有国家密码管理机构同意使用密码的证明等，具有可信赖性。

4. 第三方认证机构具有无可替代的公正性。第三方认证机构CA向社会公众提供电子认证服务，为交易、通信双方颁发证书。其不参与交易、通信双方的利益，站在客观的第三方立场，为交易中双方所发生的交易争端提供审计和数据证明，为交易争端的仲裁和法律需要提供第三方公正服务。

思考与练习

1. 防火墙有哪些种类？
2. 如何使用密钥进行加密？
3. 如何进行数字签名？
4. SSL 与 SET 的区别是什么？

主题 3　电子商务法

主题引入

随着现代通信设施的不断发展，电子商务已经不仅仅在网络中存在，还包含在移动设施中。那么通过何种手段能够保证用户在电子商务中的合法权益不受到损失呢？本主题要求学生学习电子商务法的基本知识，学会利用法律手段维护交易双方在电子商务交易过程中的合法权益。

相关知识

电子商务需要解决的问题很多，其中有些问题是纯技术性的，有些问题需要通过法律途径来解决，因此就需要掌握合同法、知识产权法、证据法、消费者权益保护法、税法等相关法律知识。随着电子商务的不断发展，国家制定了一系列适用于电子商务环境的法律法规。

1　电子商务法概述

1.1　电子商务法的概念

广义的电子商务法是调整通过各种电子信息、传递方式进行的商务活动所发生的社会关系的法律规范的总和。其调整对象不仅包括通过电报、电传、传真、电子数据交换（EDI）形式等进行电子信息传递而发生的商事关系，还包括通过互联网、局域网或增值网络进行数据电文传递而发生的商事关系，后者也即狭义的电子商务法的调整对象。

从目前国内外电子商务立法活动的实践来看，狭义的电子商务法是指调整通过计算机网络进行数据电文传递而进行商务活动所产生的社会关系的法律规范的总和。

1.2 电子商务法的调整对象

法律通常是调整社会关系或社会行为的行为规范。电子商务的发展和自身的规范要求导致电子商务法的产生。作为一门新兴的又逐渐独立的法律学科，电子商务法首先要明确的是调整对象。

调整对象是立法的核心问题，它揭示了立法调整的因特定主体所产生的特定社会关系，也是一法区别于另一法的基本标准。根据电子商务的内在本质和特点，电子商务法的调整对象应当是电子商务交易活动中发生的各种社会关系，而这类社会关系是在广泛采用新型信息技术并将这些技术应用到商业领域后才形成的特殊的社会关系。它交叉存在于虚拟社会和实体社会之间，有别于实体社会中的各种社会关系，且完全独立于现行法律的调整范围。

电子商务法的调整范围就是电子商务法所调整的社会关系的范围，具体主要包括：电子合同关系，网上电子支付关系，网络知识产权关系，网络不正当竞争关系，网络消费者权益保护关系，电子税收关系，网络广告、拍卖关系，网站经营知识产权关系，电子商务争议及解决关系等。

1.3 电子商务法的地位

法的地位是指一部法律在整个法律体系中是否有自己独立的位置及独立存在的理由和必要性。能够在法律体系中占有一席之地，形成独立存在的位置，才能有单独立法的必要性和现实性。法律制度必须反映一定的社会发展的需求，调整一定领域的社会关系，形成自己独特的调整对象。一般而言，只有现行法律难以调整现行社会关系或社会发展要求突破现行法律框架时，才会有独立部门法的出现。

作为广泛采用新型信息技术或网络技术并将这些技术应用于商业领域的电子商务环境下所形成的社会关系，其与传统法律的调整对象不同，并非都是存在于现实物理世界，而是交叉存在于虚拟社会和实体社会之间，具有独特的性质。那么，传统法律规范是否能够解决这些狭义的商业行为在互联网环境下形成的特殊的、独立的调整对象所产生的社会关系和法律问题呢？比如电子合同的签名及效力等技术和具体法律问题、网上交易及支付的安全问题、域名的保护问题，以及网上个人资料的保护、网络侵权的界定、证据的取得等问题，是否能由传统法律解决？答案显然是否定的。面对这个新兴的、发展却又如此迅速的行业所产生的问题，传统法律在很多方面已经显得“力不从心”了，这就呼唤新的部门法——电子商务法的出现。

1.4 电子商务法的特征

电子商务法是21世纪占主导地位的商事交易法。由于电子商务的国际性，电子商务法也具有跨越国界、地域的，全球化的天然特性。具体从电子商务法律体系来看，其主要有以下四个特征：

1.4.1 电子商务法主体的虚拟性

在电子商务尤其是我们日常所说的狭义的电子商务即在线交易过程中，参与主体在线交易和支付的各种信息主要是通过电子邮件、电子数据交换（EDI）、电子商务自动成交系统、电子银行支付系统来传递的。因此，从交易磋商到合同的订立甚至到合同的履行、付款等各个环节，电子商务的主体不需见面，相互身份资料无法立即得到确认，表面上进行交易的只是网络上的数据电文信息或符号。因此，电子商务法律主体的虚拟性是电子商务法的一个很重要的特征，当然这也给电子商务安全提出了很大的挑战。

1.4.2 电子商务法律规范的任意性和开放性

电子商务法是随着电子商务的产生和发展而产生的。电子商务是全新的商务形态，各种制度规范都不完善，因此在调整电子商务活动时，不应当用僵化陈旧的规范将正处于发展中的电子商务活动禁锢起来。同时，电子商务法主要以电子交易法为核心，而电子交易法的一个最重要的原则就是“意思自治”原则，故不管是交易对象的选择、交易形式的确定、交易内容的构成、争议的解决还是交易责任的承担，都应由交易主体自由决定，充分体现意思自治。授权性的电子商务法律规范正好可以满足这一要求。电子商务法是关于依据数据电文为意思表示的法律制度体系，数据电文的形式呈现多样化，新的技术手段与交易媒介不断开发并应用于电子商务活动中，因此，调整电子商务的法律规范也应具有开放性和灵活性。在立法上，不应将现阶段某一电子商务技术或模式固定为普适性的法律，而应当制定开放性的一般原则条款和功能等价条款，这将有利于把电子商务发展的技术与模式尽量容纳于电子商务法律规范。

1.4.3　电子商务法内容的程式性和全球性

电子商务涉及的合同、知识产权、税收、消费者权益保护、诉讼管辖等方面的法律问题的法律制度在传统法律体系中早已建立，而且其对作为电子商务法律关系内容的权利、义务的规定也相当丰富。电子商务法产生后，主要是针对传统法律难以调整的问题进行补充性规定，而不是完全舍弃原有的法律制度，另行创制一套新的法律制度体系。实际上，电子商务法主要规定通过数据电文形式进行意思表示时所应采用的形式，包括电子合同的形式、合同的签字确认、合同主体身份的认证、电子作品的形式、电子作品的侵权方式、消费者权益保护形式等。一般情况下，电子商务法不重点规定在电子商务法律关系中的具体权利、义务，而主要规定电子商务的新形态、新样式及与传统法律制度的管辖范围与相融。由此可见，电子商务法内容具有形式法和程式法的特征。

同时，由于互联网打破了国家和地区之间的界限，电子商务的全球性和跨国性等特征决定了各国电子商务法的立法必须以国际公约、条约和其他国家的国内法的内容特点为依托，力求在主要的法律理念、立法和制度设计上与其他国家相协调。当然，电子商务法的全球性并不是照搬外国的法律规定，相反，各国应以本国国情和法律体系为本，在全球电子商务框架内创制本国的具体电子商务法律制度。

1.4.4　电子商务法客体的广泛性

法律关系的客体是指法律关系主体享有权利、承担义务所指向的对象，在在线交易中即是电子商务的参与主体享有权利和承担义务所指向的商品或者服务。商品包含了有形商品和无形商品。有形商品如教材、汽车、房屋等，无形商品如计算机软件和享有知识产权的作品、商标、专利等智力成果。服务则包含了网络广告发布、资料查询、邮箱提供、网上拍卖、身份认证、域名注册等。随着网络技术和电子通信技术水平的提高和安全性的进一步增强，电子商务应用领域不断扩大，电子商务法的客体也将不断增加。

1.5　电子商务法的作用

（1）为电子商务的健康、快速发展创造一个良好的法律环境。

（2）法律是保障网络交易安全的重要手段。

（3）弥补现有法律的缺陷和不足。

（4）鼓励利用现代信息技术促进交易活动。

2　常用的电子商务法律法规

2.1　电子合同

2.1.1　合同与电子合同

合同，亦称契约。《中华人民共和国合同法》（以下简称《合同法》）第二条规定："合同是平等主体的公民、法人、其他组织之间设立、变更、终止债权债务关系的协议。"合同反映了双方或多方意思表示一致的法律行为。

电子合同在本质上仍然是合同，因此其具有合同的共性。其是平等主体的自然人、法人或其他经济组织确定相互之间权利和义务的协议，同样要经过要约和承诺两个程序，但由于其载体或者介质以及签订过程的变化，电子合同与传统合同也有一定的区别，具体可以归纳为以下几点：

（1）意思表示所采用的形式不同。传统合同或采用口头形式或采用纸质的书面形式发出要约和承诺；而电子合同当事人的要约或承诺是通过数据电文的形式表达的，因此，其要约和承诺的生效时间以及合同成立的时间、地点与传统合同都存在着很大的区别。

（2）确认当事人身份的方式不同。传统合同的订立通常都需要双方当事人经过若干次的面谈才能完成，因此对当事人身份的确认通常是通过相互接触时双方提供身份证或者法人的营业执照以及法定代表人的身份证明来完成的；而电子合同的当事人是不见面的，甚至从合同订立到履行的整个过程都是计算机的程序在操作，因此，对当事人的身份，包括最终的电子签名都无法采用传统方式进行确认，而需要通过信赖的认证机构来确认。

（3）即时付款的交易方式不同。传统即时付款的交易方式通常表现为直接的面对面的交易，而在电子商务中，这种金额较小、关系简单的交易没有具体的合同，表现为直接通过网络订购，继而在网上支付货款。

2.1.2　电子合同的特点

（1）电子合同依赖计算机和网络才能订立，因此，从合同洽谈到订立再到履行的各个环节，双方当事人可能互不见面，只是通过网络或者计算机程序订立合同。当然，通过网络订立、履行合同，也使得交易的参与人不只是双方当事人，还可能涉及网络服务者、金融机构、认证机构等相关主体。

（2）电子合同的载体是电信号、光、磁等介质，其表现形式是数据电文。合同内容等信息记录在计算机硬盘、软盘等磁性介质中，其修改、流转、储存等过程都可以在计算机网络内进行。

（3）电子合同所依赖的电子信息具有易消失性和易改动性。电子合同以磁性介质保存，其改动、伪造都不易留痕迹，因此，其作为证据使用与传统的纸质合同相比具有一定局限性，除非其能够证明或保证电子合同自最终形成时起，内容保持完整、未被更改。

（4）电子合同生效的签字盖章方式采用电子签名。《中华人民共和国电子签名法》（以下简称《电子签名法》）确立了电子签名的法律效力和签名的具体规则。

2.1.3　电子合同的法律效力

联合国国际贸易法委员会《电子商务示范法》第九条规定：“在任何法律诉讼中，证据规则的适用在任何方面均不得以下述任何理由否定一项数据电文作为证据的可接受性：①仅仅以它是一项数据电文为由；②如果它是举证人按合理预期所能得到的最佳证据，以它并不是原样为由。”联合国国际贸易法委员会《电子商务示范法》第 11 条进一步规定：“对合同而言，除非当事各方另有协议，一项要约以及对要约的承诺均可通过数据电文的手段表示。若使用了一项数据电文来订立合同，则不得仅仅以使用了数据电文为理由而否定该合同的有效性或可执行性。”同时其第 12 条规定：“就一项数据电文的发端人和收件人之间而言，不得仅仅以声明或其他陈述的数据电文形式为理由而否定其法律效力、有效性或可执行性。”

《电子签名法》第 2 条规定：“数据电文，是指以电子、光学、磁或者类似手段生成、发送、接收或者储存的信息。”我国 1999 年颁布的《合同法》也已将数据电文列为“可以有形地表现所载内容的形式”。我国《电子签名法》第 3 条规定：“当事人约定使用电子签名、数据电文的文书，不得仅因为其采用电子签名、数据电文的形式而否定其法律效力。”第 4 条规定：“能够有形地表现所载内容，并可以随时调取查用的数据电文，视为符合法律、法规要求的书面形式。”这样，对于电子合同的法律承认既有了法律规范这一必要的条件，又有了对电子合同作为合同书面形式存在的确认依据，这就使得在采用电子合同以及电子签名的方式确定权利义务关系方面有了极强的操作性和可执行性。

2.2　电子签名

2.2.1　签名与电子签名

签名，一般是指一个人用手写笔在合同或文件上写下自己的名字或留下印记、印章或其他特殊符号，以确定签名人的身份，并确定签名人对文件内容予以认可。签名一般是具有法律意义的行为，而不是简单的自然事件。根据我国合同法的规定："当事人采用合同书形式订立合同的，自双方当事人签字或者盖章时合同成立""当事人采用技术服务合同书形式订立合同的，双方当事人签字或者盖章的地点为合同成立的地点"。因此，在《合同法》里，双方当事人的签字盖章是法律行为，订立合同除了必须具备书面形式要件之外，还需要履行在合同上签字或盖章的法定程序，只有经过签字或者盖章的合同才具有法律约束力。

在线交易所采用的签名方式称为电子签名。联合国国际贸易法委员会在《电子签名示范法》中给予电子签名这样的定义："在数据电文中以电子形式所含、所附或在逻辑上与数据电文有联系的数据，它可用于鉴别与数据电文相关的签名人和表明签名人认可数据电文所含信息。"欧盟《电子签名共同框架指令》中的规定与联合国贸法会的规定基本一致，两者都认为"以电子形式所附或在逻辑上与其他电子数据相关的数据，作为一种判别的方法"称为电子签名。我国《电子签名法》第2条规定："本法所称电子签名，是指数据电文中以电子形式所含、所附用于识别签名人身份并标明签名人认可其中内容的数据。本法所称数据电文，是指以电子、光学、磁或类似手段生成、发送、接收或者存储的信息。"通俗点说，电子签名就是通过密码技术对电子文档的电子形式的签名，并非仅仅是书面签名的数字图像化，它类似于手写签名或印章，也可以说它就是电子印章。在收到加密的电子文件后，收件人使用CA发布的公共钥匙解密文件并阅读。具体来说，电子签名是以电子形式出现的数据，它是附着于数据电文的，并且必须能够识别签名人身份并表明签名人认可与电子签名相联系的数据电文的内容。电子签名具有多种形式：附着于电子文件的手写签名的数字化图像，包括采用生物笔迹鉴别法所形成的图像；向收件人发出正式发送人身份的密码、计算机口令；采用特定生物技术识别工具，如指纹、眼虹膜透视辨别法等。无论采用什么样的技术手段，只要符合我国《电子签名法》第2条规定的条件，就是《电子签名法》所称的电子签名。

2.2.2　电子签名的法律效力

我国《电子签名法》借鉴了《电子商务示范法》及国际组织、其他国家在电子商务、电子签名上的相关立法，其在第10条规定："可靠的电子签名与手写签名或者盖章具有同等的法律效力"。而电子签名是通过数据电文的形式生成、发送或存储的。《电子签名法》第4条规定：“能够有形地表现所载内容，并可以随时调取查用的数据电文，视为符合法律、法规要求的书面形式。”第5条又规定：“符合下列条件的数据电文，视为满足法律、法规规定的原件形式要求：（一）能够有效地表现所载内容并可供随时调取查用；（二）能够可靠地保证自最终形成时起，内容保持完整、未被更改。但是，在数据电文上增加背书以及数据交换、储存和显示过程中发生的形式变化不影响数据电文的完整性。”这就从法律上确认了电子签名不仅具有法律效力，可靠的数据电文、电子签名还被视为书面形式及原件。

2.2.3　电子签名的可靠性

我国《电子签名法》第14条规定可靠的电子签名和手写签名或者盖章具有同等的法律效力。第13条第1款中具体规定：“电子签名同时符合下列条件的，视为可靠的电子签名：（一）电子签名制作数据用于电子签名时，属于电子签名人专有；（二）签署时电子签名制作数据仅由电子签名人控制；（三）签署后对电子签名的任何改动能够被发现；（四）签署后对数据电文内容和形式的任何改动能够被发现。”

2.3　知识产权的保护

2.3.1　网络著作权的法律保护

网络作品是指在计算机、互联网上出现的作品，具体指以数字化形式创作并直接在互联网上传播的文学、科学和艺术作品。网络作品主要是文字表现形式的作品，除此以外，还有计算机软件、数据库、多媒体作品等特殊作品。2001年10月27日第九届全国人大常委会第二十四次会议通过的《关于修改〈中华人民共和国著作权法〉的决定》中新增了一条：“信息网络传播权，即以有线或无线方式向公众提供作品，使公众可以在其个人选定的时间和地点获得作品的权利。”这是针对网络环境下出现的新数字化作品的著作权保护需求而增加的权利。明确规定该权利的法律地位，可以使著作权人对作品传播方式的专有控制权延伸到网络空间，并能直接传播作品，行使邻接权。这是一项与复制权、发行权、表演权和改编权等并列的新的权利。因此，以擅自下载网络作品、擅自将他人作品上传到网络上等方式使用他人的作品都可能侵犯著作权人的信息网络传播权。当然《中华人民共和国著作权法》中也规定了12种合理使用他人的作品的情形，在这些情况下，使用人可以不经著作权人许可，也不需向其支付报酬，但应当指明作者的姓名、作品名称、出处等，并不得侵犯著作权人依《著作权法》所享有的其他权利。此规定对网络作品也是适用的。

2.3.2 商标权与网络商标的法律保护

在网络环境下，商标的使用主要体现在广告宣传、产品标志、服务标志、网络地址等几种形态上。网络地址也就是域名。域名是由 IP 地址发展而来的，简单地说，域名就是用户在互联网上的名称和数字地址，其与商标一样，具有标志和识别功能。域名是按照等级组成的，分为顶级域名、二级域名和三级域名。域名虽然与公司、商标、产品名称并没有直接的联系，一个企业可以给自己注册一个与自己毫无联系的域名，但由于域名的唯一性，一个域名一经注册，其他任何机构和个人一般就不得再注册使用相同的域名。因此，企业大都以自己名称的缩写或商标来注册自己的域名，这样便于别人认识自己。于是，域名实际上就与企业名称、产品商标或其他标志物有了很相似的意义，故又有人将域名地址称为“网络商标”，认为域名是传统意义上知识产权如商标或商号在网络空间的延伸。在我国《互联网络域名管理办法》《互联网络信息中心域名争议解决办法》及北京市高级人民法院在 2000 年发布的《关于审理域名注册、使用而引起的知识产权民事纠纷案例的若干指导意见》、最高人民法院于 2001 年颁布的《关于审理涉及计算机网络域名民事纠纷案件适用法律若干问题的解释》中，对“恶意”和“恶意注册”给了具体的界定，这些解决争议和冲突的基本规则对于解决我国域名争议问题起着很重要的作用。

2.4 消费者权益保护

（1）根据《中华人民共和国消费者权益保护法》（以下简称《消费者权益保护法》）的规定，消费者在消费过程中享有安全权、知情权、选择权、公平交易权、求偿权、结社权、获得知识权、受尊重权、监督权这九种权利，作为经营者就要承担相应的义务。这些权利与义务对网络交易中的消费者及经营者也同样适用。但迅猛发展的电子商务的销售和消费方式又极大地改变了人们传统的消费观念，并对现行的《消费者权益保护法》及相关立法产生了巨大冲击。

就消费者的知情权来说，传统交易方式中的现场看货、验货、付款在网络交易中已经不适用，人们对产品的信息获取完全依赖于经营者单方的信息披露。而我国现行法律对经营者义务的规定又很少，对于经营者信息以及消费交易信息，法律都没有做出强制性的规定。

求偿权的行使在网络交易中也遇到很大的问题。在网络交易中，消费者和商家互不见面，那么消费者的权益受到损害时应该找谁请求赔偿呢？网络交易的复杂性和不安全因素使得人们若只是单纯知道商家是谁还不能完全解决问题，并且由于消费者在交易时无法切实接触货物，其做出错误购买决定的可能性便大大增加。在保护消费者合法权益的问题上，许多国家的法律都赋予了消费者在一定期间内试用商品并无条件解除合同的权利。无条件退货或解除合同期间称为冷却期或犹豫期。《消费者权益保护法》修订中正考虑加入相关内容。

另外，在网上订立的合同很大程度上都是由商家拟订或提供的，这样可以极大提高交易的效率。但正是因为合同是由商家拟订的（即格式合同，在电子合同中称为“点击合同”），有的合同可能篇幅较长，消费者可能没有耐心读下去（当然消费者的这种行为是不影响合同的成立的），所以合同中的不公平的，免除商家责任、加重消费者的责任、损害消费者权益的条款，如“无论商品有何瑕疵，消费者只能请求免费修理，不能退货或求偿”等，可能就会难以避免，消费者的权益就无从保护了。

安全权是消费者最重要的权利。例如消费者在网上购买的高压锅缺乏安全保障，一旦出事就会给消费者带来人身伤害，这不但违反我国法律的相关规定，也使得消费者对网上购物更加缺乏信心。很多消费者不愿使用电子商务很大程度上是因为害怕自己提供的信用卡账号等的安全受到威胁。我国网络商场采取的支付手段还是邮寄或当面交易，在传统支付法律体系下，电子支付的交易安全性无法得到保障。除了人身和财产安全以外，信息产品及网络服务的安全问题也可能会使消费者权益得不到保障，比如信息产品本身存在质量问题，就会给消费者的计算机或网络系统带来不安全因素，也可能产品本身携带有病毒或在网上传输过程中感染病毒，或者网络服务商提供不能保障网络环境及信件等传输的安全，给消费者带来财产损失。

（2）网上个人隐私的保护。在网络环境下，人们购买商品或接受服务时需要按照要求填写一些个人信息资料，涉及姓名、年龄、住址、身份证号、工作单位及经济收入等，这也是商家确认消费者身份的一种方式。另外，在相关的一些调查中，消费者还可能被问到身高、体重、生活经历、社会交往、婚姻状况、消费习惯、病历、保险甚至宗教信仰等问题，而上述这些问题都是隐私，并且每一个人都有权利决定是不是将这些信息公之于众，这个权利就是个人隐私权。在浏览网站信息时，网站或商家就可能通过 cookies 记载消费者上网的记录，然后未经个人同意将消费者浏览信息的内容提供给医院、保险公司或者用人单位，这些都是网络环境下侵害个人隐私权的表现。

对于隐私权，《中华人民共和国民法通则》第 101 条规定："公民、法人享有名誉权，公民的人格尊严受法律保护，禁止用侮辱、诽谤等方式损害公民、法人的名誉。"这一规定被认为是公民隐私权保护的间接规范。我国最高人民法院在《关于贯彻执行〈中华人民共和国民法通则〉若干问题的意见（试行）》第 140 条第 1 款中灵活解释了关于名誉权的条款，其规定："以书面、口头等形式宣扬他人的隐私，或者捏造事实公然丑化他人人格，以及用侮辱、诽谤等方式损害他人名誉，造成一定影响的，应当认定为侵害公民名誉权的行为。"最高人民法院又于 1993 年 8 月在《关于审理名誉权案件若干问题的解答》中规定："对未经他人同意，擅自公布他人隐私材料或以书面、口头形式宣扬他人隐私，致他人名誉受到损害的，按照侵害他人名誉权处理。"很多行政法规也从"用户的通信自由和秘密受法律保护，用户不得擅自进入未经许可的计算机系统篡改他人信息，不得在网络上散发恶意信息，冒用他人名义发出信息"等方面对公民隐私权保护问题做出了相应的具体规定。

人们享有隐私权，同时又作为社会公众享有知情权，当两者及公共安全发生冲突时又应如何解决呢？首先要把握的原则是，在一般情况下，知情权优先于隐私权行使，但要注意限度；若个人隐私与公众和整个社会的利益发生了冲突，那它就必须公开，一味强调个别人的隐私权，很有可能会损害到更多人的隐私权、健康权甚至生命权。比如，在 2003 年"非典"时期，患者如果强调自己的病情是"隐私"，就可能会贻误治疗时机，并且会因为没有及时隔离而使更多的人被传染。这时个人的隐私权就要让位于公众的知情权。

思考与练习

1. 电子商务法有哪些特征？
2. 电子合同与传统合同有什么区别？

专项五　网络营销

主题 1　认识网络营销

主题引入

海尔集团自 2000 年发布网上商城网站，经过 10 年的发展，网上销售额已达数亿元，年均保持 50%以上的增长速度。从“非典”时期的网上火爆销售，到家电网上个性定制，海尔商城在逐步发展壮大。

1　以海尔商城为核心

海尔商城自 2008 年改版后，强化了网站导购功能，完善了网站分类树，新增加了组合搜索功能，且从早上 8 点到晚上 9 点，客服时时在线提供导购服务。用户进入海尔商城网站后，仅需要三步操作，就能定位要找的产品，使用快捷方便。

信息发布是网站最基本的功能，海尔在网站发布了公司的大多数信息，如产品中心、人才招聘、新闻中心等。海尔专门在首页设置了会员中心的链接，这一点正突出了会员的重要性。海尔商城具有在线销售功能，而站内检索功能在网站首页的最上方处，突显了其重要性。

海尔商城为促进成套销售，采用了一种新的套餐销售模式。用户选购参加活动的产品，可以任意形式、选择任何数量进行组合。对消费者来说，组合购买较单件购买更便宜。此种模式不仅解决了网上销售对传统渠道的直接影响，同时能给用户最大的优惠。

海尔网站首页如图 5-1 所示。

图 5-1　海尔网站首页

传统商场很难判断进入商场的人是谁、有什么潜在需求、购买能力如何、已经购买过哪些商品等，而海尔商城可以简单做到这点。会员来到海尔商城后，系统统计功能会记录会员的每一步操作，包括打开的网页、在每个网页停留的时间、上网方式等，这些零散的数据会对后期分析有直接意义。通过对这些数据进行分析，即可知道网站购物、注册等流程是否合理，以及页中各栏目关注度情况，这会对商城网站的持续改进提供最具参考价值的材料。

同时，对用户的购买喜好、浏览轨迹，以及通过海尔商城推出的“我的产品我做主”等活动的数据分析，能准确发现用户的购买需求，为海尔后期产品开发提供了参考依据，更重要的是为海尔后期推出网络专供产品提供了数据参考。

产品展示信息的作用有：根据用户数据优化商城；分析用户浏览轨迹，进行数据分析；便于消费者上网浏览、购买；能将有竞争力的产品上网销售。相对于传统单一卖点展示的弱点，海尔商城采用了更开放的图、文、视频介绍形式，简单易用的组合搜索功能使用户能更方便地进行比较购物。消费者在购买产品后，可以对产品进行打分，并留言评论，以作为其他消费者选购时的客观参考。这种做法大大提升了网店的置信度。

海尔商城通过全程的用户数据分析这个闭环，以更低的成本进行产品研发、市场推广渠道建设。这个闭环就是：基于网络的用户需求调查→产品研发→产品生产→将商品信息提供给在线商店→用户选择购买→物流配送到网店库房或最终用户→用户信息反馈、用户信息汇总→对新产品的需求总结（网店执行）→信息反馈给厂商→新品研发。可以看出，在这个新时期的商品流通链中，网店起着核心的作用。

2　淘宝特许店、零售网站合作经营等覆盖运行

海尔商城网站作为海尔官方销售网站，在网站功能、购物体验上都可以不断改善，但对比互联网庞大的使用人群来说，单一网站的覆盖面是有限的，而像淘宝店、零售网站合作等形式恰好对海尔电子商务销售网络进行了很好的延展。

近年来，淘宝在线商店的魅力让越来越多的企业转向了网上直销，戴尔、索尼、联想等公司也在淘宝开了直营店或旗舰店进行直销。海尔采用的模式与此类传统单一旗舰店不同，海尔采用的是加盟店模式，有效解决了单一旗舰店相对有限的网络覆盖面和产品展示、导购资源等方面的缺点。

海尔淘宝加盟店分两种——仅销售海尔产品的特许店和也可销售其他产品的加盟店。海尔从发布招商信息起，短短两个月就发展了近百家加盟店，加盟速度和销售额增长都非常迅速。

海尔商城最早与零售网站合作是针对海外华人用户的，合作的对象是游子礼品网，是为方便海外华人为国内亲人、朋友购买产品开办的。近年来，海尔又不断发展了品牌家电网等一批销售海尔家电产品的合作网站。海尔有效使用了这些网站，拥有了相对固定的用户群体。

海尔商城目前已与网站联盟（CPS）合作，同时，其计划尽快实施论坛、门户等网站营销。随着这些方式的不断推进，海尔网上直销 B2B/B2C 正逐步成长着，其以海尔商城网站为核心，广泛覆盖淘宝网、论坛社区、团购网站、地方门户等多种网络分支。

目前，不仅大企业开始重视网络营销，对中小企业而言，网络营销的优势也开始凸显。网络营销并不是单纯指网上直接销售，还包括企业网上宣传、网上市场调查、网络分销渠道建设等许多层面。正确认识网络营销的特征和优势，选择相应的网络营销方法，对企业的发展具有重要作用。那么，什么是网络营销？它又包括哪些内容呢？

相关知识

1　网络营销的内涵

1.1　网络营销的定义

网络营销是企业整体营销战略的一个组成部分，是为实现企业总体经营目标所进行的以互联网为基本手段营造网上经营环境的各种活动，包括信息发布、信息收集以及开展以网上交易为主的电子商务的整个过程。

1.2　网络营销的层次

网络营销已经成为不可回避的商业命题，它不仅仅是一种新的技术或手段，更是一种影响企业未来生存及长远目标的选择。根据企业对网络作用的认识及应用能力的划分，企业网上营销可以划分为如下五个层次：

1.2.1　企业网上宣传

这是网上营销最基本的应用方式。它是在把互联网作为一种新的信息传播媒体的认识基础上开展的营销活动。

建立企业网站是企业上网宣传的前提。互联网让企业拥有一个属于自己而又面向广大网上受众的媒体，而且这一媒体的形成是高效率、低成本的。企业网站信息由企业定制，没有传统媒体的时间、版面等限制，也可伴随企业的进步发展不断实时更新；企业网站可应用虚现实等多媒体手段吸引受众并与访问者进行双向交流，及时有效地传递并获取有关信息。这些都是吸引企业上网宣传、使其由内部或区域宣传转向外部和国际信息交流的重要因素。

企业网上宣传是网络营销的起步和基础，也是目前大部分中国企业网站的基本目标。建网站并不断更新、增添信息，网站才会有生命力，企业网上宣传才有可能成功。

1.2.2　网上市场调研

调研市场信息，从中发现消费者需求动向，从而为企业细分市场提供依据，是企业开展市场营销的重要内容。

网络首先是一个信息场，为企业开展网上市场调研提供了便利。软件业对此已经进行了较为充分的利用，如各种软件测试版、共享版在网上发布，供上网者下载使用；通过留言、电子邮件等手段收集软件使用信息，从而为确定软件性能、市场对象等提供强有力的依据。这一无形的调研过程是高效而低成本的，同时还能起到扩大网站和企业知名度的作用。一般企业开展网上市场调研活动有如下两种方式：

（1）借助 ISP 或专业网络市场研究公司的网站进行调研。

（2）企业在自己的网站进行市场调研。网上市场调研作为一种新的市场调查方式，已经受到一些国内企业的重视，一些网络服务业开展了一系列网上调研，取得了较好的效果。

1.2.3　网络分销联系

企业传统的分销渠道仍然是企业的宝贵资源，但互联网所具有的高效、及时的双向沟通功能的确为加强企业与其分销商的联系提供了平台。

企业通过网络构筑虚拟专用网络，将分销渠道的内部网融入其中，可以及时了解分销过程的商品流程和最终销售状况，这将为企业及时调整产品结构、补充脱销商品，以及分析市场特征、实时调整市场策略等提供帮助，从而为企业降低库存、采用实时生产方式创造了条件。而对于商业分销渠道而言，网络分销也开辟了及时获取畅销商品信息、处理滞销商品的空间，从而加速了销售周转。

网络加强了制造企业与分销渠道的紧密联系，使分销成为企业活动的自然延伸，加强了双方市场的竞争力。这种联系方式已经成为企业生存的必然选择，并迅速向国际化发展。

1.2.4　网上直接销售

数量众多的无形商场已经在网络上开张营业，它们就是从事网上直接销售的网站。网络是企业和个人相互面对的平台，是直接联系分散在广阔空间中数量众多的消费者的最短渠道。它排除了时间的耽搁和限制，取消了地理的距离与障碍，并提供了更大范围的消费选择机会和灵活的选择方式，因此，网上直接销售为上网者创造了实现消费需求的新机会。

网上直接销售不仅是面向上网者个体的消费方式，也包含企业间的网上直接交易，它是一种高效率、低成本的市场交易方式，代表了一种新的经营模式。

由于网上直接销售合并了全部中间销售环节，并提供了更为详细的商品信息，买主能更快、更容易地比较商品特性及价格，从而在消费选择上居于主动地位。对于卖方而言，这种模式几乎不需要销售成本，而且能立即完成交易。

1.2.5 网上营销集成

网络是一种新的市场环境，这一环境不只会对企业的某一环节和过程产生重大影响，还将在企业组织、运作及管理观念上产生重大影响。一些企业已经迅速融入这一环境，依靠网络与原料商、制造商、消费者建立密切联系，并通过网络收集传递信息，从而根据消费需求，充分利用网络伙伴的生产能力，实现产品设计、制造及销售服务的全过程。这种模式称为网上营销集成，应用这一模式的代表有思科、戴尔等公司。

在思科公司的管理模式中，网络无孔不入，它在客户、潜在购买者、商业伙伴、供应商和雇员之间形成紧密联系，从而成为一切环节的中心。它使供应商、承包制造商和组装商队伍浑然一体，成为思科的有机组成部分。思科70%的产品制造通过外包方式完成，并由外部承包商送至顾客手中，这样不仅节约了开支，也节省出更多的人力资源充实到研发部门，进一步加强了思科的竞争优势。

按用户订单装配计算机的戴尔公司利用网络进一步加强了效率与成本控制。戴尔公司通过网络，每隔两小时向公司仓库传送一次需求信息，并让众多的供货商了解生产计划和存货情况，以便及时获取所需配件，从而在处理用户定制产品和交货方面达到无人能比的速度。每天约有3 000万元的戴尔计算机在网上卖出，而且由于网络能实时联系合作伙伴，戴尔计算机的存货率远远低于同行。

网上营销集成是对网络的综合应用，是网络对传统商业关系的整合，它使企业真正确立了市场营销的核心地位。企业的使命不是制造产品，而是根据消费者的需求，组合现有的外部资源，高效地输出一种满足这种需求的品牌产品，并提供服务保障。在这种模式下，各种类型的企业通过网络紧密联系、相互融合，并充分发挥各自优势，形成共同进行市场竞争的伙伴关系。

2 网络营销的功能

2.1 信息搜索

信息搜索是网络营销的基础。进行营销活动，必须了解网民获取信息的渠道是哪些，如何取得这些信息，怎样能使网络浏览者优先选择这些信息。

信息渠道是网络营销的关键。人们会主动查找渠道，也会被动地获得渠道。现在人们都有一些获得信息的渠道——要看新闻可以去门户新闻类网站（新浪、搜狐等），要查找特定的信息会用搜索引擎（百度、谷歌等）。这些都是一些常用的信息渠道。搜索引擎这种工具不论是在门户还是其他类型的网站上都会被应用，并且搜索信息每时每刻都在被人们使用。

搜索引擎通过将各条信息陈列的形式将各种各样的信息带到了人们面前。信息排得越靠前就越容易获得浏览可能，而浏览就可能带来商机。

人们也利用搜索引擎技术和排列的方式将有关信息带给网民们。同样，信息越靠前就越有被购买和询价的可能。做营销首先就是要在搜索页面上使自己的信息领先于其他的竞争对手，这样才有机会赢得市场。最方便的商业信息获取地就是搜索引擎和行业网站。要优先获得被浏览的机会可以通过几种方法：竞价广告、固定排名、普通排名中的SEO技术。这些方法都可以使企业的网上信息的排名靠前，且企业还可将网上点击率转化为利润。

2.2　信息发布

网站是一种信息载体，通过网站发布信息是网络营销的主要方法之一。通过互联网，人们不仅可以浏览到大量商业信息，同时还可以自己发布信息。最重要的是，要将有价值的信息及时发布在网上，以充分发挥网站的功能，比如新产品信息、优惠促销信息等。同时，信息发布也是网络营销的基本职能。无论采用哪种网络营销方式，结果都是将一定的信息传递给目标人群：顾客、潜在顾客、媒体、合作伙伴、竞争者等。网络营销可以采用多种方式，如友情链接、邮件列表、论坛等，这些都可以取得较好的营销效果。

2.3　网上调研

通过在线调查表或者电子邮件等方式，可以完成网上市场调研。相对于传统的市场调研，网上调研具有高效率、低成本的特点，因此，网上调研成为网络营销的主要职能之一。

网络营销中的市场调研具有重要的商业价值。网络营销调研是指在互联网上针对特定营销环境进行简单调查设计、收集资料和初步分析的活动。网络营销调研有两种方式，一种是利用互联网直接进行问卷调查，收集一手资料，例如在网上利用问卷直接进行的“我国互联网现状与发展”调查就是网上直接调查；另一种是从互联网收集二手资料，这种方式一般称为网上间接调查。网络营销调研的内容一般针对市场需求、消费者购买行为和营销因素等几个方面。

2.4　开拓销售渠道

一个具备网上交易功能的企业网站本身就是一个网上交易场所。网上销售是企业销售渠道在网上的延伸，网上销售渠道建设也不限于网站本身，还包括建立在综合电子商务平台上的网上商店及与其他电子商务网站不同形式的合作等。

网络营销渠道有两种，即网络直销和网络间接销售。

网络直销是指生产者通过互联网直接把产品销售给顾客的分销渠道。目前，直销的通常做法有两种：一种做法是企业在互联网上建立自己的站点，申请域名，制作主页和销售网页，由网络管理员专门处理有关产品的销售事务；另一种做法是委托信息服务商在其网点发布信息，企业利用有关信息与客户联系，直接销售产品。

2.5　建立网络品牌

网络营销的重要主题之一就是在互联网上建立并推广企业的品牌。如此，知名企业的网下品牌在网上得以延伸，一般企业则可以通过互联网快速树立品牌形象，并提升企业整体形象。网络品牌建设是以企业网站建设为基础的，其通过一系列的推广措施，达到顾客和公众对企业的认知和认可。在一定程度上来说，网络品牌的价值甚至高于通过网络获得的直接收益。

2.6　推广企业网站

这是网络营销最基本的职能之一。几年前，人们甚至认为网络营销就是推广企业网站。相对于其他功能来说，网址推广显得更为迫切和重要。网站所有功能的发挥都以一定的访问量为基础，所以，网址推广是网络营销的核心工作之一。

2.7　管理客户关系

良好的顾客关系是网络营销取得成效的必要条件。企业在开展网上顾客服务的同时，利用网站的交互性，通过顾客参与等方式，增进了顾客关系。互联网提供了更加方便的在线顾客服务，如利用形式最简单的 FAQ（常见问题解答）、邮件列表，以及 BBS、MSN、聊天室等提供的服务。顾客服务质量对网络营销效果具有重要影响。

3　网络营销的特点

3.1　虚拟性

由于网络使得传统的空间概念发生了变化，出现了有别于实际地理空间的虚拟空间或虚拟社会。在这一过程中，所有的企业都站在同一条起跑线上，企业可以充分运用网络的影响力，改变与竞争者之间的竞争力对比格局。

在网络上，经营者向消费者提供丰富的产品信息，而且力求做到操作界面友好、操作方便，消费者可以通过网络比较各种同类商品的性价比，然后做出购买决定。消费者不需要到很远的商店，坐在家中的计算机前就可以逛虚拟的商店并购物，通过网络付款。在网上，一切都变得非常简单。同时，在使用过程中发生的问题，消费者可以通过网络与厂家随时取得联系，得到来自卖方及时的技术支持和售后服务。

网络营销的虚拟性简化了购物环节，节省了消费者的时间和精力，将购买中的麻烦减少到最少，购物的过程方便快捷。对消费者来说，网上购物不是一种沉重的负担，有时甚至还是一种休闲、一种娱乐和一种享受。

3.2　互动性

网络可以实现经营者和顾客之间的双向沟通。企业通过在网上展示自己商品的图像，再利用商品信息资料库提供有关的查询，来实现与顾客的供需互动与双向沟通。企业还可以进行产品测试、消费者满意调查等活动。互联网为产品联合设计、商品信息发布和各项技术服务提供了最佳工具。公司可以根据顾客需求提供特定的产品和服务，具有很强的针对性和时效性，可大大地满足顾客需求。在网络环境下，企业可以通过电子布告栏、在线讨论广场、电子邮件等方式，以极低的成本在营销全过程中对消费者提供即时的信息搜索服务，同时消费者也能对产品的设计、包装、定价、服务等发表意见。这种双向互动的沟通方式提高了消费者的参与积极性，更重要的是企业的决策制定也有了方向。如此，企业营销策略的针对性增强了，这十分有利于企业全程目标的实现。

3.3　个性化

在网络营销中，可以借助于计算机和网络，适应个人的需要，有针对性地提供低成本、高质量的产品或服务。

互联网上的促销是一对一的、理性的、消费者主导的、非强迫性的、循序渐进式的，而且是一种低成本与人性化的促销，避免了推销员强势推销的干扰，并通过信息提供与交互式交谈，与消费者建立长期良好的关系。

企业通过互联网可以提供更具特色的服务。例如到戴尔公司的网站购买计算机，戴尔公司可以将消费者挑选的部件迅速组装，改变了“企业提供什么，用户接受什么”的传统方式，提供了“用户需要什么，企业提供什么”的新方式。

企业利用一些智能软件技术可以为用户提供专门服务，用户可以根据自己的需求，选择自己需要的服务，帮助企业实现与消费者的一对一沟通，使企业提供一对一的个性化服务。

3.4 全球性

由于网络突破了国界和地区的限制，整个世界的经济活动都紧紧联系在一起。信息、货币、商品和服务快速流动，大大加快了世界经济一体化的进程。

利用互联网，企业可以将产品介绍、技术支持、订货情况等信息放到网上。在网上，企业面对的是全球的市场，其克服了为消费者提供服务时的空间限制，消费者可以随时随地根据自己的需求有选择性地了解有关信息。

3.5 时间性

互联网能够超越时间约束和空间限制进行信息交换，这使得脱离时空限制进行交易变成可能。企业有了更多时间和更大的空间进行营销，可以每周7天、每天24小时地提供全球性营销服务。消费者可以根据自己的时间安排接受服务。即使深夜想买东西，消费者也可以立即在网上查询购买。

4 网络营销的应用

当今市场竞争日趋激烈，企业为了取得竞争优势，想方设法吸引消费者，传统的营销已经很难提供新颖独特的方法帮助企业在竞争中获胜了。市场竞争已不再依靠表层的营销手段，经营者迫切需要更深层次的方法和理念来开展营销活动。

网络营销的产生给企业的经营者带来了福音。企业开展网络营销，可以节约大量昂贵的店面租金、减少库存商品的资金占用、不受场地限制、方便地采集客户信息等。这些好处让企业经营的成本和费用降低、运作周期变短，从根本上提高了企业的竞争力。

企业应根据自己从事的电子商务的类型，正确认识企业开展网络营销的现状，选择合适的网络营销模式和方法，有效使用网络营销工具及资源，为企业自身的发展注入强大活力。

技能训练

请登录海尔商城中国官方网站，分析其网络营销模式。

思考与练习

1. 简述网络营销产生的基础。
2. 网络营销的基本功能是什么？
3. 网络营销有哪些模式？
4. 根据海尔案例，说一说网络营销有哪些优势。

主题 2　网络营销调研

主题引入

企业开展网络营销，就要做网络营销调研。近几年，某些地区出现了一些生产、销售绿茶的企业。由于本地市场规模有限，竞争激烈，不少企业把目光投向网络，希望借助网络营销开发外地市场。喜晨源绿茶厂就是其中一家。

喜晨源绿茶厂需要了解绿茶的潜在市场和销售量的大小，了解客户的意见、消费偏向、购买能力等，并据此进行分析，确定企业的目标市场，分析市场销售形势和竞争态度，作为开发网络市场的重要依据。

相关知识

1　网络营销调研的定义

网络营销调研是指在网络上针对特定营销环境进行简单调查设计、收集资料和初步分析的活动。网络营销调研的内容一般针对市场需求、消费者购买行为、营销因素等几方面。

2 网络营销调研方法

网络营销调研有两种方式，一种是利用网络直接进行问卷调查等收集一手资料；另一种是利用互联网的媒体功能，在网络上收集二手资料。后者一般称为网上间接调查。

2.1 网络直接市场调查

这种调查方式主要采用站点法辅以电子邮件法通过互联网直接进行。网络直接调查的突出特点是时效性很强、效率很高，初步调查结果可以在调查过程中得出，便于实时跟踪调查过程，分析深层次原因。

2.1.1 站点法

站点法是指将调查问卷设计成网页形式，附加到一个或几个网站的Web网页上，由浏览这些站点的用户在线回答调查问题的方法。站点法属于被动调查法，这是目前网上调查的基本方法，其也将成为近期网上调查的主要方法。海尔公司在网上利用问卷直接进行的调查就是网上直接调查。

2.1.2 电子邮件法

电子邮件法是以较为完整的电子邮件地址清单作为样本框，使用随机抽样的方法通过电子邮件发放问卷，并请调查对象以电子邮件的形式反馈答卷。

2.2 网络间接市场调查

网络间接市场调查信息的来源如下：

2.2.1 利用搜索引擎

搜索引擎是互联网上的一种网站，其功能是在网上主动搜索Web服务器的信息，并将其自动索引，其索引内容存储于可供查询的大型数据库中。常用的搜索引擎有百度、谷歌等。

2.2.2 访问专业信息网站和国际组织

通常这些专业信息网站都是由政府或一些业务范围相近的企业或某些网络服务机构创办的，如中国广告信息网、中国商品交易市场网、中国机电工商网、中国粮食贸易网等。

现列举几个国际组织如下：

（1）联合国（United Nations）。其出版有关国际的和国别的贸易、工业和其他经济方面的统计资料，以及与市场发展问题有关的资料。

（2）国际贸易中心（International Trade Center）。其提供各种产品的研究、各国市场介绍资料，还设有答复咨询的服务机构，专门提供由计算机处理的国际市场贸易方面的全面、完整、系统的资料。

（3）国际货币基金组织（International Monetary Fund）。其出版有关各国和国际市场的外汇管理、贸易关系、贸易壁垒、各国对外贸易、财政经济发展情况等资料。

（4）世界银行（World Bank）。

（5）世界贸易组织（World Trade Organization）。

此外，一些国际性和地方性组织提供的信息资料，对了解特定地区或国际经济集团和经济贸易、市场发展、国际市场营销环境也是非常有用的。

2.2.3　通过新闻组（Usenet）获取商业信息

随着互联网的发展，一些商业机构或企业迅速进入新闻组，使其逐渐丧失非商业化的初衷，各种商业广告散布其中，纯商业性的讨论组也大量涌现。因此，通过这类新闻组获取商业信息也是途径之一。如 www.dejanews.com 是 Web 界面的新闻组，带有查询功能，其集中了一万多个讨论组，用户可以很方便地搜索自己所需的信息。

2.2.4　利用 BBS 获取商业信息

在互联网日趋商业化的今天，能够吸引无数上网者的 BBS 当然也会成为商业活动的工具。如今，网上有许多商用 BBS 站点，如网易 BBS 站点。另外还有一些网络服务机构在网站上开设了商务讨论区，如金桥信息网和中国黄页供求热线。

2.2.5　通过其他企业的产品网上买卖掌握市场信息

对于其他企业推出的新产品，我们可以通过分析其网上买卖情况，了解消费者的倾向和心理，掌握市场趋势，从而制定相应的市场营销策略。我们可以到淘宝网、易趣网、当当网等网站查看其他企业的经营状况，如产品的价格、包装、品质、目标人群等，以此来制定本企业的营销策略。

3　网络营销调研流程

3.1　制定网络营销调研的目标

在设计网络市场调查问卷之前，应首先确定调查的目标，即在此次市场调查中，希望达成什么样的目标。如前面提到的喜晨源绿茶厂，其在市场调研中可能会希望得到以下信息：市场对日照绿茶的需求，网络购买者的购买动机，购买者一般通过什么途径购买，网上绿茶的等级标准、价格、包装，以及影响绿茶销售的一些其他因素等。

3.2　确定网络营销调研的对象

网络市场调查的对象，主要分为企业产品的消费者、企业的竞争者两大类。上述调查主要考虑网络购买者的个人特征、消费水平、消费习惯产生的对产品的要求，如绿茶的包装规格、价格等。对竞争者的调研主要集中在日照本地几家绿茶厂的网络营销状况上。

3.3　制订有效的调查计划

网络营销调研首先必须确定是收集一手资料还是二手资料。上述调查主要使用两种方法，一是进行问卷调查，二是收集二手资料。

（1）设计调查问卷。

（2）将调查问卷投放到本企业的网站或其他网站上去。

（3）采用搜索引擎，或利用一些专业网站收集相关信息。

（4）采取网上交流的形式，如用电子邮件传输问卷等，接触调查的主体。

（5）到主要竞争对手的网站或店铺收集相关信息。

3.4　搜集、整理信息

利用互联网做市场调查，可同时在全国或全球进行。信息搜集的方法也很简单，直接在网上递交或下载即可。

3.5　分析信息

信息分析的能力相当重要，因为很多竞争者都可从一些知名的商业站点看到同样的信息。调查人员应从收集的数据中提炼出与调查目标相关的信息，并在此基础上对有价值的信息迅速进行反映。

3.6　提交报告

调研报告的填写是整个调研活动的最后一个阶段。报告不是数据和资料的简单堆砌，调研人员不能把大量的数字和复杂的统计技术直接交给管理人员，而应把与市场营销关键决策有关的主要调查结果写出来，并以正规格式书写调查报告。

公司应该妥善利用这些调查得来的信息，从而改善企业的产品与服务。即使调查结果存在某些不合理的地方，也应该以客观的、顾客的角度来理解调查所获得的信息，而不是仅仅将调查信息放置在一边。

企业应通过以上这些有效的方法，促使被调查者积极参与调查。另外，企业要能够理解这次调查的目的是提供更好的产品与服务，而且能够从参与的调查中获得物质上的收益。

主题实施

（1）根据上述内容，设计以下调查问卷：

先生/女士：

您好！为了了解您对日照绿茶的需求，我们希望您能协助填写这份调查表。调查结果仅供研究使用。非常感谢您的大力支持！

年龄：A. 18 岁以下　B. 18~25 岁　C. 26~35 岁

性别：A. 男　B. 女

职业：A. 学生　B. 自由工作者　C. 公司职员　D. 家庭主妇

E. 其他

①您经常访问哪些购物网站：

A. 淘宝网　B. 易趣网　C. 当当网　D. 卓越网　E. 拍拍　F. 其他

②您是通过何种途径了解日照绿茶的：

A. 网络宣传　B. 朋友介绍　C. 商店出售　D. 其他　E. 我不了解

③您对网上购物的顾虑是（可多选）：

A. 网络安全（信用卡信息、个人信息等）　B. 货物质量　C. 配送速度　D. 配送费用　E. 网页设计不好，查找和订货困难　F. 登记手续烦琐　G. 售后服务无保证　H. 其他

④如果在网上购物，哪种支付方式更适合您（单选题）：

A. 货到付款　B. 邮局电汇　C. 信用卡付款　D. 银行转账

E. 网上支付

⑤您喝茶的频率：

A. 一天多次　B. 一天一次　C. 一周几次　D. 不怎么喝

⑥您喝过日照绿茶吗：

A. 经常喝　B. 从未喝过　C. 偶尔　D. 会尝试一下

⑦您对绿茶的包装规格有什么要求：

A. 10 克以下的小包装　B. 50~250 克的包装　C. 250 克的包装

D. 500 克的包装

⑧您对绿茶的等级有什么要求：

A. 等级越高越好　B. 便宜的　C. 一般的

⑨您认为目前网上日照绿茶的价格如何：

A. 高　B. 便宜　C. 正常

⑩您在网上购买绿茶更看重（单选题）：

A. 产品的质量　B. 公司的信誉　C. 价格　D. 包装　E. 随便买

⑪您希望购买到什么样的日照绿茶？请简单描述一下。

（2）将上述问卷投放到本企业的网站。

（3）采用搜索引擎，或利用一些专业网站收集相关信息。

（4）采取网上交流的形式，如用电子邮件传输问卷，接触调查的主体。

（5）到主要竞争对手的网站或店铺收集相关信息。参与市场经营的企业是市场信息的重要来源之一，因此可以写信给这些企业的外联部门索取商品目录、产品资料、价目表、经销商、代理商、批发商和经纪人一览表、年度报告等，得到有关竞争者的大量资料，了解竞争的全貌和竞争环境。

（6）企业市场调查人员也可以在各种传播媒体上，如报纸、电视或有关杂志上刊登相关的调查问卷，并公告企业的电子邮箱和网址，让消费者通过电子邮件回答自己想要调查的问题，以此收集市场信息。采用这种方法，调研的范围比较广，同时可以减少网络营销调研中相应的人力和物力消耗。

经过网络调研，喜晨源绿茶厂与当地一所院校的电子商务专业合作，在淘宝网上开店。由于前期调研充分，喜晨源取得了不错的销售成绩。

思考与练习

针对当地某一农特产品，设计网络市场调研问卷。

主题3　信息发布与推广

主题引入

某公司研制生产了一种新产品，在了解网络推广的优势之后，希望能够通过网络进行推广。该公司可以采用哪些推广方式呢?

相关知识

一般来说，常见的网络推广方式有网络广告宣传、BBS与新闻组宣传、邮件列表宣传、搜索引擎推广。

1　网络广告宣传

网络广告宣传就是通过互联网在网站上或网页上以各种形式发布企业产品信息的活动。

1.1　网络广告的类型

1.1.1　按钮型广告

其通常是一个链接着公司的主页或站点的公司标志，并注明“ Click me”字样，希望网站浏览者主动来点击。

1.1.2　图标广告

图标广告显示了公司或产品的图标，点击后可直接链接到广告企业的站点。

1.1.3　旗帜广告

网络媒体在自己网站的页面中留出一定大小的空间发布广告，由于此空间像一面旗帜，故其中的广告被称为旗帜广告。

1.1.4　主页型广告

此类广告是将企业所要发布的信息内容分门别类制作成主页，放在网络服务商的站点或企业自己建立的站点上。

1.1.5　分类广告

分类广告是充分利用计算机网络的优势，对大规模的生活实用信息，按主题进行科学分类，并提供快速检索的一种广告形式。

1.1.6 列表分类播放型广告

利用电子邮件列表和新闻组列表，将客户的广告信息按信息类别发向相应的邮件地址和新闻组。

1.1.7 电子杂志广告

利用免费订阅的电子杂志发布广告。

1.1.8 新闻式广告

利用网上虚拟社区或者公告栏 BBS 发布有关产品、企业的广告信息。

1.1.9 文字链接广告

文字链接广告采用文字标志的方式，让客户可以在点击后链接到相关网页。

1.1.10 移动广告

该广告是一种可以在屏幕上移动的小型图片广告，用户用鼠标点击该小型图片时，该移动广告会自动扩大展示。

1.1.11 通栏广告

通栏广告横贯页面，十分抢眼。

1.1.12 巨型广告

巨型广告一般要占屏幕三分之一的空间。

1.1.13 全屏广告

全屏广告是指在用户打开当前网页时，强制插入一个广告页面或弹出广告窗口，其类似于电视广告，都是打断正常节目的播放，强迫用户观看。该广告是全屏的，有静态的也有动态的。浏览者可以通过关闭窗口不看广告，但是这种广告的出现没有任何征兆。

1.1.14 网上视频广告

广告的形式为视频。

1.2 网络广告的发布

1.2.1 主页形式

建立自己的主页对于大公司来说是一种必然的趋势，如前面提到的海尔、戴尔等企业都是这么做的。

1.2.2 通过网络内容服务商（ICP）

国内有许多 ICP，如新浪、搜狐等，它们都提供大量的新闻、评论、财经信息等。

1.2.3　利用专类销售网

这是一种专类产品直接在互联网上进行销售的方式。

1.2.4　利用免费的网络服务

免费的互联网服务能帮助公司将广告主动送至使用该免费服务又想查询此方面内容的用户手中。

1.2.5　采用黄页形式

在这些页面上做广告针对性强、效果明显。

1.2.6　列入企业名录

一些互联网服务提供者（ISP）或政府机构会将一些企业信息融入主页。

1.2.7　借助网上报纸或杂志

一些世界著名的报纸和杂志，纷纷在互联网上建立自己的Web主页。

1.2.8　建立虚拟社区和公告栏（BBS）

任何成员都可以在上面发表自己的观点和看法，但要注意遵循网络礼仪，否则将适得其反。企业可以在上面发布有关自己产品和服务的广告。

1.2.9　使用新闻组

这也是一种常见的网络服务，它与公告牌的功能相似。

1.2.10　使用电子邮件发布广告

企业可以向用户的邮箱发送电子邮件，邮件中包含产品、促销等信息，如此，可以吸引用户浏览邮件内容并访问企业网站，达到广告宣传效果。

2　BBS与新闻组宣传

2.1　BBS

企业可以利用电子布告板、电子白板、电子论坛、聊天室、留言板等，在互联网上发布有关自己产品和服务的信息。

BBS分为综合类和专业类。综合类BBS是指涉及时事、政治、国内外重大事件等范畴的综合性、新闻性的跟帖和论坛、留言板等，专业类BBS指限于学术论坛、商业信息、文化艺术、体育科技等范畴的电子公告服务。

校园BBS中心建立以来，得到迅速发展。目前，很多大学都有了BBS。清华大学、北京大学等都建立了自己的BBS系统，清华大学的水木清华很受学生和网民们的喜爱。大多数 BBS 是由各校的网络中心建立的，当然也有私人性质的 BBS。

商业 BBS 主要用来进行商业宣传、产品推荐等。目前，手机的商业站、计算机的商业站、房地产的商业站比比皆是。

专业 BBS 是指政府机构和公司的 BBS，它主要用于建立地域性的文件传输和信息发布系统。

情感 BBS 主要用于交流情感，是许多娱乐网站的首选。

有些个人主页的制作者们在自己的个人主页上建设了 BBS，以便与大家进行沟通。

2.2 新闻组

新闻组是网络上的一个区域，人们在这里通过张贴和读取有关自己和社区中其他人共同感兴趣的主题的消息来进行信息交互。

互联网上有大量的新闻组和论坛，人们经常就某个特定的话题在上面展开讨论并发布消息，其中当然也包括商业信息。企业可以考虑利用新闻组和论坛来扩大宣传面。

3 邮件列表宣传

电子邮件营销是在用户事先许可的前提下，通过电子邮件的方式向目标用户传递有价值的信息。

目前，使用邮件列表来发布产品信息已成为企业普遍使用的营销手段。按照发送信息是否经过用户许可划分，电子邮件营销可以分为许可电子邮件营销和未经许可的电子邮件营销。未经许可发送的电子邮件就是我们通常所说的垃圾邮件。正常的电子邮件营销都是基于用户许可的，因此，收集用户电子邮件地址是开展电子邮件营销的基础。企业为获得足够的可用资料，有时需要投入大量的时间和钱。获取潜在用户邮件地址的主要途径有查看现有用户的资料、一般注册会员的资料、各种邮件列表订户的资料等。

美国一家销售和营销研究公司近期公布的一项调查报告显示，在网络商业营销方面，经用户允许的电子邮件营销方式，其成本是直邮的五分之一，是网上招牌广告的二十分之一。

经允许的电子邮件不但受到消费者的欢迎，而且答复率远远高于直邮和网上广告。未经允许的电子邮件，会被许多消费者当成传销或诈骗，从而公司形象会受到损害。

由于经允许的电子邮件营销成本低廉，而且效果好，美国许多大公司已将其列为头号营销策略。据预测，今后为获得“允许”，美国大公司间将展开竞争。2010 年，用于电子邮件营销的投资达 10 亿美元，这笔钱大部分用在了保持和扩大电子邮件营销对象群以及经营好有关的数据库上。美国许多大公司掌握的电子邮件地址一般在 30 万个以上，而且每年都在增加。

下面介绍电子邮件营销的步骤。

3.1　收集电子邮件地址

只有取得目标客户的电子邮件地址，才能有目的地向其寄发电子邮件。收集电子邮件地址有两种办法，一种是利用专门的软件进行搜索或者向专门收集电子邮件地址的个人或者组织购买；另一种是利用邮件列表获取邮件地址，而这种地址一般针对性更强，营销效果更好，因为只有对网站感兴趣的人才会加入邮件列表。

3.2　撰写电子邮件

撰写电子邮件必须注意遵守网络礼仪与规范，认真撰写。向他人发送的电子邮件，一定要精心构思，认真撰写。若是随想随写，则既不尊重对方，也不尊重自己。在撰写电子邮件时，要做到主题明确、语言流畅、内容简洁。企业可留下详细的联系方式，如电话、手机、QQ 等。

3.3　寄发电子邮件

3.3.1　单独寄发

针对目标客户，单独寄发企业邮件。

3.3.2　邮件群发

如果企业需要定期发送大量的电子邮件，可以使用专门的群发软件进行邮件群发。

3.3.3　自动回复

自动回复软件能帮助企业自动回复一份准备好的文件。

3.4　电子邮件促销效果评估

3.4.1　开信率

开信率就是被收件人打开的邮件占企业发出的邮件的比率。

3.4.2　点阅率

点阅率是指在打开邮件的收件人中，实际点击过邮件里所列出的超链接的人所占的比率。

3.4.3 说服率

说服率是指收件人在读完邮件信息后，同意接受或购买企业所推荐销售的服务或产品等的比率。

4 搜索引擎推广

搜索引擎推广是通过搜索引擎优化、搜索引擎排名，以及研究关键词的流行程度和相关性，在搜索引擎的结果页面取得较高的排名的营销手段。

搜索引擎优化对网站的排名至关重要，因为搜索引擎在通过 Crawler（或者 Spider）程序收集网页资料后，会根据复杂的算法（各个搜索引擎的算法和排名方法是不尽相同的）决定网页针对某一个搜索词的相关度并决定其排名。当客户在搜索引擎中查找相关产品或者服务的时候，通过专业的搜索引擎优化的页面通常可以取得较高的排名。

4.1 搜索引擎分类

4.1.1 全文索引

全文搜索引擎是名副其实的搜索引擎，国外的代表有谷歌，国内代表则有百度搜索。它们从互联网提取各个网站的信息，建立起数据库，并能检索与用户查询条件相匹配的记录，按一定的排列顺序返回结果。

4.1.2 目录索引

目录索引虽然有搜索功能，但严格意义上来说，其不能称为真正的搜索引擎，因为其只是按目录分类的网站链接列表而已。用户完全可以按照分类目录找到所需要的信息，而不依靠关键词进行查询。目录索引中最具代表性的莫过于雅虎、新浪分类目录搜索。

4.1.3 元搜索引擎

元搜索引擎接受用户查询请求后，同时在多个搜索引擎上进行搜索，并将结果返回给用户。著名的元搜索引擎有 InfoSpace、Dogpile、Vivisimo等，中文元搜索引擎中最具代表性的是搜星搜索引擎。

此外，还有一些其他的非主流搜索引擎。

4.2 搜索引擎推广取得成功的要点

搜索引擎推广取得成功的要点包括：选取人气最旺的搜索引擎、选取最恰当的关键词（Keywords）、确保排名靠前。

当信息查找者在搜索引擎上使用关键词查找信息时，查找结果是一个相关企业网站的列表，这个列表包括了全部已经登记注册了的相关公司网站。一般来说，这个列表的网站数目都有几百个、几万个。据调查，几乎所有的查找者都只看排在前十位或前二十位的企业网站，而且这些排在前面的网站的访问量占了总访问量的90%以上。

可以说，当用与产品最相关的关键词在搜索引擎上搜索时，企业的网站排名是否靠前，是搜索引擎推广成功与否的直接标准。

搜索引擎在发展早期，多是作为技术提供商为其他网站提供搜索服务，然后网站付钱给搜索引擎。后来，随着2001年网络泡沫的破灭，搜索引擎大多转向以竞价排名的方式运营。

现在搜索引擎的主流商务模式，都是在搜索结果页面放置广告，通过用户的点击向广告主收费。这种模式有两个特点，一是点击付费，用户不点击则广告主不用付费；二是竞价排序，即根据广告主付费的多少来排列结果。

技能训练

1. 请登录海尔网上商城，分析其所采用的网络广告模式。
2. 申请加入一个邮件列表，记录申请的流程，分析这种设计的利弊。
3. 上网查找一则让你印象最深的网络广告，分析其成功之处。

专项六　网上银行与电子支付

主题1　网上银行的使用

主题引入

会计人员每天都要面对大量的现金以及各种票据业务，其往返于企业和银行之间，工作效率受到影响，而采用网上银行可以很好地解决这个问题。企业使用网上银行，可以使自己的银行业务处理更为轻松。下面，我们就来学习有关网上银行的基本知识。

相关知识

1　网上银行概述

1.1　网上银行的含义

所谓网上银行（又称网络银行或在线银行），是指金融机构以银行自建的通信网络或公共互联网为平台开辟的一种全新的银行服务方式。通过网上银行，用户可以不受上网方式（PC、PDA、手机、电视机顶盒等）和时空的限制，无论是在家里、办公室，还是在路途中，只要能接入网络，用户就能安全便捷地管理自己的资产并享受银行的服务。

网上银行自从其诞生之日起，就具有“全球银行”的特色。从理论上来说，网上银行将提供全功能、个性化的服务模式，为客户提供超越时空的“AAA”式服务，即在任何时候（Anytime）、任何地点（Anywhere），以任何方式（Anyhow）为客户提供全年365天、每天24小时的金融服务。

1.2　网上银行的产生与发展

1995年10月18日，全球首家以网上银行冠名的金融组织——安全第一网络银行（Security First Network Bank，SFNB）打开了银行“虚拟之门”，从此，一种新的银行模式诞生了，它对300年来的传统金融业产生了前所未有的冲击。网络银行以专门银行的形式开始运作，后来美国大型银行如花旗银行等纷纷加入，在传统银行业务基础上涉足网络银行业务，加快了网络银行的普及。

网络银行在我国的发展非常迅速。自1996年6月中国银行率先开设网站、面向全社会提供网络银行业务以来，招商银行、中国建设银行、中国农业银行、交通银行、中信实业银行等纷纷推出网络银行业务。目前，我国已有二十多家银行的几百家分支机构拥有网址和主页，其中近三分之一的分支机构开展实质性的网络银行业务，客户数量和交易金额逐年大幅度增加。下面以国内开展网络银行业务比较早、业务比较有特点的四家银行为例介绍我国网络银行业务现状。

1.2.1　招商银行

招商银行的网上银行即“一网通”提供的服务包括企业银行、个人银行、网上证券、网上商城、网上支付等类别（包括手机银行业务）。其中，企业银行提供账务、金融信息查询、内部转账、对外支付、发放工资、银行信息通知等服务。个人银行分为大众版和专业版，大众版提供账务查询、自动转账、财务分析、自主缴费等理财服务，专业版增加了汇款、转账、自动设置支付限额等功能。网上证券让股民可以直接进行深沪股市证券买卖的操作。网上商城对招行全国各地的所有网上商户进行分类和综合管理。而网上支付为“一卡通”持卡人提供在网上商户进行消费的支付结算工具，如凭虚拟网上支付卡在网上购物、支付上网费、进行彩票投注、订购机票、网上订房消费结算、打国际长途电话等。

1.2.2　中国银行

中国银行的网上银行功能包括企业在线理财、支付网上行、银证快车，以及美元清算查询、纽约客户服务等。其中，企业（集团）客户可利用企业在线理财这一网上银行服务产品，进行账务查询、内部转账、资金划拨、国际收支申报等业务活动，实现传统财务管理向电子商务时代的跨越。其产品功能包括企业集团查询、对公账户实时查询、汇划即时通、国际结算业务、国际收支申报等。支付网上行为持有中行借记卡和信用卡的个人客户和网上商家提供结算业务。银证快车通过网络为券商提供和证券交易所、营业部之间的资金清算。

1.2.3　工商银行

工商银行的网上银行包括个人网上银行和企业网上银行两部分。个人网上银行提供的服务包括账务信息查询、卡账户转账、银证转账、外汇买卖、B2C 在线支付、客户服务、账户管理和挂失等。企业网上银行提供的服务包括集团理财（又包括账户管理和主动收款、网上结算）、B2C 网上购物的货款实时支付、客户资料管理。

1.2.4　建设银行

建设银行网上银行服务包括企业客户、商户客户和个人客户三个服务模块。对个人客户，建设银行已推出查询、转账、代理缴费、银行转账、网上外汇买卖、网银客户支付和龙卡支付、保证金自动转账、挂失等服务。对企业客户，建设银行已推出账户查询等服务。对个人客户，建设银行已推出结算余额查询、结算明细查询、支付流水查询、网上退款等服务。

总的来看，我国的传统商业银行提供的网络银行业务已经有了较快的发展，特别是招商银行，已经在国内同行业中处于领先地位。这些体现出当前我国各类商业银行都对网络银行业务的发展给予了充分的重视，并投入了足够的资金、技术、人力。

1.3　网上银行的优势

与传统银行业务相比，网上银行业务的优势正日益凸显。

1.3.1　低成本和价格优势

（1）组建成本低。一般而言，网络银行的创建费用大大低于传统银行开办分支机构的费用。

（2）业务成本低。就银行的一笔业务来看，手工交易成本约为 7 元，ATM 和电话交易成本约为 0.2 元，而网络交易仅需 0.07 元，只占手工交易单位成本的 1%。

（3）价格优势。由于网上银行运营成本比较低，可将节省的成本与客户共享，因而可以通过降低收费、部分服务免费等方法争夺客户和业务市场。

1.3.2　互动性与持续性服务

网络银行系统与客户之间能够实现网络在线实时沟通，客户可以在任何时间、任何地方通过互联网得到银行的金融服务。银行业务不受时空限制，可向客户提供24小时不间断服务。

1.3.3　私密性和标准化服务

网上银行通过加密系统对客户进行私人隐私保护。网上银行提供的服务比营业网点更标准、更规范，避免了因工作人员的业务素质高低及情绪好坏所带来的客户满意度的差异。

1.3.4　业务全球化

网上银行是一个开放的系统，是全球化的银行。网上银行利用互联网提供全球化的金融服务，可以快捷地进行不同语言文字之间的转换，这为银行开拓国际市场创造了条件。传统银行是通过设立分支机构开拓国际市场的，而网上银行只需借助互联网，便可以将其金融业务和市场延伸到全球的每个角落，把世界上每个人都当作自己的潜在客户去争取。网上银行无疑是金融运营方式的革命，它使得银行竞争突破国界变为全球性竞争。

2　网上银行业务

当前我国网络银行提供的服务主要包括以下几个方面：

2.1　信息服务

包括新闻资讯推送、银行内部信息及业务介绍、银行分支机构导航、外汇牌价查询、存贷款利率查询等。个别银行（如工行）提供特别信息服务，如提供股票指数、基金净值等信息。

2.2　个人银行服务

包括账户查询、存折和银行卡挂失、代理缴费等。

2.3　企业银行服务

包括账户查询、企业内部资金转账、对账、代理缴费等。

2.4　银行转账服务

提供银行存款与证券公司保证金之间的实时资金转移的服务。

2.5　网上支付

包括B2B和B2C两类，大部分网络银行只提供B2C服务。这种服务一般与网上商城相结合。一些银行设定了一些网上商城的链接，但是，还没有一家网上银行直接从事网上一般商业活动。网上支付方式一般有三种：银行卡直接支付、专用支付卡支付和电子钱包支付。

3 网上银行安全常识

当人们感受到网上银行带来的便利和快捷的同时，不断出现的黑客和“网银大盗”将网银用户“一切尽在网上”的美好愿望击得粉碎。近几年来，频频出现的网银钱财被盗事件，给网银用户心里蒙上了一层阴影。然而，不能因为出现安全事件就否定网上银行的重要性。其实，只要用户了解基本的网银安全常识，养成良好的使用习惯，是可以将网银风险降至最低的。

3.1 各大银行的网银安全技术盘点

各银行的技术实力不同，故它们各自的网银建设也不尽相同。有的直接以控件形式安装后，让用户用 IE 浏览器登录后进行操作；也有让用户下载专用网银客户端进行操作的。但当用户使用 Web 登录时，各银行采取的安全措施加密方式大致相同，具体可列为以下三点：

3.1.1 使用 Active X 安全软件

中国工商银行的网银安全曾经因为“使用工行网银系统资金被盗”一事备受网友质疑，不过当时银行在问题解决后启用了 Active X 安全控件。除工行外，招商银行、中国农业银行、交通银行的个人版登录同样采用的是 Active X 安全控件，也就是说，大部分银行向非证书认证用户提供的安全手段都是安装安全控件，而不同之处只是安装的方式各有特色。

这种安全技术防止了键盘、消息钩子，而且使通过 IE 的 COM 接口获取密码的方法也没有了用武之地。控件安装完成后，用户才能见到网上银行的登录界面。不过这被公认为最不安全的登录方式之一，而且一些网上银行将安全技术通过 Active X 捆绑在了 IE 上，这给其他操作系统和非 IE 用户带来了一些不便。

3.1.2 使用数字证书和 USB Key

较 Active X 安全控件而言，相对安全的就是数字和 USB Key 认证的登录方式。银行以用户的有效证件，如银行卡号、身份证号码等为依据，生成一个数字证书文件，配合用户自定义的用户名和密码使用，提高了安全性。其因成本低、使用方便，被众多银行所使用。

USB Key 证书就是一种 USB 接口形式的硬件设备，内置微型智能卡处理器，采用 1 024 位非对称密钥算法对网上数据进行加密、解密和数字签名，确保网上交易的保密性、真实性、完整性和不可否认性。其因成本问题和设置上的原因，只被个别银行采用。交通银行不支持单独的数字证书安全方式，而采用数字证书与 USB Key 共同作用的安全认证方式。

3.1.3　使用动态软键盘

采用动态软键盘技术初看确实能使攻击者无法截获密码，但是截取密码不仅仅只有截获键盘记录一种方法，黑客们还可以通过 IE 的 COM 接口获取密码。对于中国建设银行和中国银行，通过 IE 的 COM 接口获取的密码框里的内容就是密码，其他采用软键盘技术的网站大都是这样。中国农业银行曾经使用过这种安全方式，不过其现在已经使用 Active X 安全控件了。

3.2　养成良好的网上银行使用习惯

虽然银行为了保护网银绞尽脑汁，但是仍有财产被盗事件出现。究其原因，不少用户的网银使用习惯有待改进。网银的安全不仅仅是银行的责任，网银用户自己身上也担负着维护网银安全的责任。

3.2.1　谨防钓鱼网站

其实银行安全漏洞导致的钱财失窃的事件只是少数，更多的人是因为上了钓鱼网站的当才不幸丢失钱财的。当打开银行首页时，用户可以将正确的网址收藏起来，尽量避免通过“超链接”进入银行系统进行操作。

3.2.2　保护好账号密码

银行卡的账号和密码应绝对私有，不要轻易告诉别人。还有，银行不会通过第三方来转告用户一些事情，当接到陌生的电话或者短信、邮件的时候，要小心核对。

3.2.3　定期查询详细交易

做好交易日志，保证对自己的每一项有记录的交易印象深刻。

3.2.4　对杀毒软件的使用

将计算机的防火墙设置为最高安全级别，及时升级杀毒软件，避免“网银大盗”侵入。

3.2.5　利用银行提供的各种增值服务

现在很多银行都提供了短信、邮件提醒服务，用户可以充分利用银行的贴心服务，掌握自己的财务消费状态。

技能训练

1. 请办理一张工商银行卡，登录工商银行网上个人银行主页，自助开通网上银行业务。

2. 到柜台申领一张电子银行口令卡，并练习使用。

3. 申请 USB Key 客户证书，并练习使用。

思考与练习

1. 什么是网上银行？网上银行能够提供哪些服务？

2. 作为网银用户，如何养成良好的网银使用习惯？

主题 2　电子支付

主题引入

2010 年 2 月 5 日，中国电信在上海南京路步行街发布了手机刷卡业务，办理了该业务的上海电信用户只需“刷手机”即可在南京路上 50 多家指定商户内进行消费。

2 月 9 日，中国电信股份有限公司上海分公司和上海市商业投资（集团）有限公司共同宣布，双方将在世博园区合作推出手机刷卡消费服务，实现手机移动支付。双方计划共同发行“电信 · 商投商业联名卡”，通过天翼手机提供世博商业卡的非接触移动支付功能。客户持天翼手机在世博园区内外的超市、便利店、商场等“世博商业卡”特约商户的收银 POS 机上轻轻一刷，就能安全快速地进行付款。

在 2010 年的世博会的带动下，国内电子支付竞争愈演愈烈。

在移动通信领域，中国联通 2009 年 4 月在上海推出手机公交卡业务，用户手机内置 NFC 芯片，即可在上海“刷手机”乘坐公共交通工具；中国移动 2010 年 1 月在上海推出手机地铁票和手机世博票业务，此外，还给

“手机钱包”用户配RFID-SIM卡，让用户可在商场POS机上“刷手机”购物；中国电信推出手机刷卡消费服务，用户手机内置NFC芯片，可在上海50多家指定商户内购物。随着3G应用在中国的普及，移动领域支付市场正迎来巨大的商机。

在银行领域，工商银行、建设银行、中国银行、农业银行、招商银行、兴业银行、浦发银行、光大银行、交通银行等均推出了手机银行业务。

在商业领域，支付宝（中国）网络技术有限公司推出了手机客户端软件，支持交费、消费、转账等功能。

相关知识

电子商务迅猛发展，技术日新月异。资金流的运作方式及效率已成为电子商务领域引人注目的一个重要话题。支付方式按使用技术的不同，可以大体上分为传统支付方式和电子支付方式两种。传统支付方式指的是通过现金流转、票据转让以及银行转账等物理实体的流转来实现款项支付的方式，结算效率低下，显然已经不能满足电子商务发展的需要。电子支付作为一种全新的支付方式，采用先进的通信技术和安全技术并通过数字流转来完成信息传输，可以提高结算效率，助推电子商务的发展。

1　传统支付方式

1.1　物物交换的支付方式

最原始的支付形式是以物易物。在货币产生以前的社会中，物物交换是一种结清债权、债务的行为。例如原始社会中以马换食物的物物交换。但物物交换的支付方式受到很大的限制，也不容易做到等值交换，故交易的范围和规模都很小。

1.2　货币支付方式

当货币作为交换的媒介物出现后，这种用货币来交换物品的行为才能算作具有现代意义的货币结算行为。按时间顺序，货币依次采用过实物货币、贵金属、纸币等不同的形式，其中经常被使用的、人们最熟悉的支付方式就是现金支付。

现金有纸币和硬币两种形式，它是由国家组织或政府发行的。纸币本身没有价值，它只是一种由国家发行并强制流通的货币符号，但却可以代替货币进行流通，其价值是由国家加以保证的；硬币本身含有一定的金属成分，故而具有一定的价值。在现金交易中，买卖双方处于同一位置。现金的最大特点是简单、便捷，整个交易过程可以匿名进行，卖方不需要了解买方的身份，因为现金的有效性和价值是由中央银行保证的。所以，多数小额交易是由现金完成的，其交易流程一般是一手交钱一手交货。显然，现金是一种开放的支付方式，任何人只要持有现金，就可以进行款项支付，而无须经中央银行收回重新分配。但这种支付方式也存在许多缺点：一是受时间和空间限制，对于不在同一时间、同一地点进行的交易，无法采用这种方式交易；二是受不同发行主体的限制，不同国家的现金的单位和代表的购买力不同，这给跨国交易带来不便；三是不利于大宗交易，因大宗交易涉及金额巨大，倘若使用现金作为支付手段，不仅不方便，而且不安全。

不管怎么说，现金支付这种方式比较简单，常用于企业或个体对个体消费者的商品零售过程，在中国应用得比较普遍。物物交换与货币交换的支付方式存在一个共同的特点，就是交易与支付环节在时间、空间上不可分离，故这两种支付方式虽然直接，但限制了商务活动的规模与区域，不利于交易的繁荣发展。在商品经济快速发展的需求背景下，出现了以银行为中介的支付结算方式。

1.3　银行转账支付方式

随着近代商品经济的繁荣发展，特别是西方产业革命以来，工业经济发展迅速，各类结算方式先后产生，原本融为一体的交易环节与支付环节得以在时间和空间上分离，作为支付结算中介的银行也因此诞生。这种以银行信用为基础，借助银行作为支付结算中介的货币给付行为（即分离出来的支付环节），成为银行转账支付结算方式。此时的货币不仅包括现金，还包括存款等，而采用的支付手段也更加丰富，包括现金支付、支票支付、本票支付、汇兑支付、委托支付、信用卡支付、信用证支付等。

这种通过银行的转账结算方式也称为非现金结算方式或票据结算方式。如果贸易双方都在银行开设了资金账号，那么支付者就没有必要把钱从银行取出来支付给接收者，然后接收者再把钱存到银行。开设了资金账号的双方只需通过一定的手续，就可以让银行直接把需要支付的数额从支付者的账号转到接收者的账号上。如此，取消了中间无效的劳动和费用，提高了资金流通的效率并节约了成本。通过银行的资金转账支付结算是目前国际上最主要的资金支付结算方式，其类型主要为以下三类：

1.3.1　信用卡支付结算

信用卡是指具有一定规模的银行或金融公司发行的，可凭此向特定商家购买货币或享受服务，或向特定银行支取一定的款项的信用凭证。用户到银行开设资金账户，在账户里存钱并且提供一定的信用证明后，便可以收到银行发行的信用卡。当用户利用信用卡通过银行专线网络进行商务支付时，资金便通过银行中介从信用卡对应的账号中划拨到对方的银行资金账号上，完成付款。这种方式应用比较普及，常见于个人的商务资金结算中。

使用信用卡作为支付方式高效便捷，可以减少现金货币流通量，简化收款手续，并且可以用于存取现金，十分灵活方便。但是，信用卡也存在一些缺点：一是交易费用较高；二是信用卡具有一定的有效期，过期失效；三是有可能遗失而给持卡人带来风险和麻烦。

1.3.2　资金汇兑

资金汇兑通常发生在企业间，银行作为中介参与其中。汇兑是指企业（或汇款客户）委托银行将其款项支付给收款人的结算方式，也称为银行汇款。这种方式便于汇款客户向异地的收款人主动付款，适用范围十分广泛。

1.3.3　支票支付

支票支付结算主要是指纸质支票的支付结算，是目前我国企业与企业之间最常用的支付结算方式，其本质上就是银行提供的一种基于特殊格式与使用规则的支付结算工具。支票使用起来很方便，可以处理较大金额的支付，但其最大的缺点是涉及面广，增加了各银行和交易部门的开支。而且纸质支票存在一定的风险，如拿到空头支票便不能兑现。

1.4　传统支付方式的局限性

随着电子商务的不断发展，上述传统的支付方式在处理效率、方便易用、安全可靠、动作成本等方面存在诸多局限。

1.4.1　支付速度慢、处理效率低

大多数传统支付与结算方式涉及人员、部门等众多因素，牵扯多个环节，支付效率低下。传统支付方式涉及的现金、票据、信用卡等都是有形的，保障了交易的安全性、认证性、完整性和不可否认性。而且，这些支付方式已经有一套比较成熟的管理运行模式。但是由于传统支付方式以手工操作为主，且通过传统的通信方式来传递凭证，实现货币的支付结算，因而其存在效率低下的问题。

1.4.2 安全问题多

大多数传统支付与结算方式在支付问题上存在较多安全问题。伪币、空头支票等现象造成支付结算的不确定性，增加了商务风险。特别是在跨区域、远距离的支付结算中，商业风险更大。

1.4.3 传统支付方式受时空限制

传统支付方式很难满足众多用户在时间、空间上的需求，很难做到全天候、跨地域地提供支付结算服务。随着电子商务的普及，人们对随时随地支付结算、获取个性化信息服务的需求日益强烈，比如人们要求随时查阅支付结算信息、资金余额信息等。

1.4.4 绝大多数传统的支付方式使用起来并不方便

支付介质五花八门，发行者众多，使用的辅助工具、处理流程与应用规则和规范也不同，这些都给用户的使用带来了不便。

2 电子支付方式

2.1 电子支付的含义

电子支付（Electronic Payment）也称电子支付与结算。中国人民银行《电子支付指引（第一号）》是这样定义电子支付的：电子支付是指单位、个人（以下简称客户）直接授权他人通过电子终端发出支付指令，实现货币支付与资金转移的行为。

2.2 电子支付的特征

与传统的支付方式相比，电子支付方式具有如下特征：

（1）电子支付方式采用现代技术，通过数字流转来完成支付信息传输；而传统的方式则是通过现金的流转、票据的转让，以及银行转账等实体形式的变化实现的。

（2）电子支付是在开放的系统平台（互联网）上进行的，而传统的支付则在较为封闭的环境中（银行专网）进行。

（3）电子支付方式采用最先进的通信手段，因此对软、硬件要求很高；传统支付方式对技术的要求不如电子支付方式高，且其多依靠局域网络进行支付，无须联入互联网。

(4) 电子支付方式具有方便、快捷、高效、经济的优势。电子支付方式可以完全突破时间和空间的限制，采取每周 7 天、每天 24 小时的工作模式，其效率之高是传统支付方式望尘莫及的。同时，电子支付费用仅相当于传统支付费用的几十分之一，甚至几百分之一。

2.3　电子支付方式的分类

电子支付方式按流通形态的不同，可以分为开放式和封闭式两种。开放式支付方式指的是支付方式所代表的价值信息可以在主体之间无限传递下去。而封闭式支付方式指的是价值信息只能在有限的主体之间进行传递。

电子支付按电子支付指令发起方式的不同，可以分为网上支付、电话支付、移动支付、销售点终端支付、自动柜员机支付和其他电子支付。

2.3.1　网上支付

网上支付是电子支付的一种形式。广义上来讲，网上支付指的是客户、商家、网络银行（或第三方支付）之间使用安全电子手段，利用电子现金、银行卡、电子支票等支付工具，通过互联网传送到银行或相应的处理机构，从而完成支付的整个过程。

2.3.2　电话支付

电话支付是电子支付的一种线下实现形式，是指消费者使用电话（固定电话、手机、小灵通）或其他类似电话的终端设备，通过银行系统用个人账户直接付款的方式。

2.3.3　移动支付

移动支付是使用移动设备，通过无线技术完成支付行为的一种新型的支付方式。移动支付所使用的移动设备可以是手机、掌上电脑、移动 PC 等。

2.3.4　销售点终端支付

POS 是英文 Point of Sale 的缩写，意为销售点终端。金额 POS 系统是计算机与商业网点、收费网点、金融网点之间通过网络进行联机业务处理的银行计算机网络系统。顾客在消费时，只需将银行卡在 POS 终端上轻轻地刷一下，即可完成交易。POS 支付方式广泛应用于大型商场、酒店等消费场所。

2.3.5　自动柜员机支付

ATM 是英文 Automatic Teller Machine 的缩写，意思是自动柜员机。自

动柜员机是持卡人自我服务型的金融专用设备，可以向持卡人提供提款、存款、查询余额、更改密码等功能。ATM 机不仅能接受本地卡，还可以通过网络功能接受异地卡、他行卡，同时为持卡人提供 24 小时服务。

2.3.6 其他电子支付

其他电子支付是除上述五种支付方式外的其他电子支付方式。

2.4 电子支付的发展阶段

第一阶段是银行采用安全的专用网络进行电子资金转账，即利用通信网络进行账户交易信息的电子传输，办理结算。电子资金转账的好处包括减少了管理费用、提高了效率、简化了手续、提高了安全性。

第二阶段是金融机构与非金融机构计算机之间进行资金的结算，如代发工资，代交水费、电费、煤气费、电话费等。

第三阶段是利用网络终端向用户提供各项银行服务，如用户在自动柜员机（ATM）上进行取、存款操作。

第四阶段是利用银行销售终端（POS）向用户提供自动扣款服务。

第五阶段是最新发展阶段，电子支付可随时随地通过网络进行直接转账结算，这一阶段的电子支付称为网络支付。

3 电子支付工具

随着计算机网络及信息技术的发展，电子支付工具越来越多。这些支付工具可以分为三大类：赊账卡、商务卡、联名卡。这些支付方式各有自己的特点和运作模式，适用于不同的交易过程。此处主要介绍信用卡、电子现金、电子钱包和电子支票。

3.1 信用卡

3.1.1 信用卡的含义

2004 年 12 月 29 日第十届全国人大常委会第十三次会议通过的有关法律解释，明确了我国刑法规定中“信用卡”的含义，即“信用卡”是指由商业银行或其他金融机构发行的具有消费支付、信用贷款、转账结算、存取现金等全部功能或者部分功能的电子支付卡。由此看来，信用卡是银行或其他金融机构签发给那些资信状况良好的人士的一种特制卡片，是一种特殊的信用凭证。持卡人可凭卡在发卡机构指定的商户购物或消费，也可在指定的银行机构存取现金。随着信用卡业务的发展，信用卡的种类不断增多。

从广义上来说，凡是能够为持卡人提供信用证明，持卡人可凭其购物、消费或享受特定服务的特制卡片均可称为信用卡。广义上的信用卡包括贷记卡、准贷记卡、借记卡、储蓄卡、提款卡（ATM）卡、支票卡、赊账卡等。

从狭义上来说，国外的信用卡主要是指由银行或其他财务机构发行的贷记卡，即无须预先存款就可贷款消费的信用卡，凭此卡可先消费后还款；国内的信用卡主要是指贷记卡或准贷记卡（先存款后消费，允许小额、善意透支的信用卡）。

本书介绍的信用卡，主要是指广义上的信用卡。鉴于此，在以下的内容中，为了避免不必要的混淆，我们在谈及狭义上的信用卡时，用贷记卡一词代替，以示区分。

3.1.2　信用卡的功能

信用卡的核心特征是个人信用和循环信贷，它的基本功能是支付功能和信用功能，其他的各种功能都是在这两个功能的基础上发展起来的。

（1）直接支付结算。直接支付结算功能是信用卡最基本的功能。信用卡可以提供广泛的结算服务，方便持卡人的购物消费活动，减少社会现金货币使用量，加快货币流转，节约社会劳动。持卡人在标有发卡银行的特约商家的各种场所（包括商店、宾馆、酒楼、娱乐场所、机场、医院等场所）里进行消费时，只需出示身份证件即可用卡代替现金消费结账，或利用 POS 系统通过专线及时支付。随着互联网业务的普及，信用卡可借助网络平台实现在线支付而无需 POS 机等辅助设备。

（2）汇兑转账。凭信用卡可在发卡银行指定的同城或异城储蓄所、在线家庭银行、ATM 机等处办理存、取款业务。用信用卡办理存、取款手续比使用存折方便。它不受存款地点和存款储蓄所的限制，可在所有开办信用卡业务的城市进行存取。信用卡账户内的保证金、备用金及其他各种存款视同储蓄存款，按规定利率计息。

（3）规模购买。发卡机构作为所有会员集体——全体持卡人的代表，要通过整合起来的市场力量，以期取得更有力的讨价还价能力，从卖方获取更多的谈判收益，让持卡人分享。例如运通公司和花旗银行等机构已经普遍为持卡人提供持卡消费折扣、保证购物为最低价格等附加服务。

（4）个人信用。持卡人通过使用信用卡，可以在金融机构进行个人的信用度的积累，长期优良的信用积累会给持卡人带来很多高价值的回报。

个人信用会牵扯到持卡人日常经济生活的方方面面。

(5) 信用销售。信用销售实质上是一种信用购销凭证，它的运作模式体现了背后商业信用或银行信用的支持。实际上，今天的信用卡的信用购销功能已经从一开始的商业信用行为转化为银行信用行为。信用卡的信用购销功能改变了传统的消费支付模式，扩大了社会的信用规模，使一手交钱一手交货的直接交易方式变成了迂回交易方式，改变了社会货币实际购买力决定社会的购买行为的情况。超前的购买能力和扩大的信用规模势必会扩大社会的总需求，故为确保宏观经济的综合平衡，必须加大社会供给，以便与扩大的社会总需求量相适应，从而促进社会经济的发展。

(6) 循环授信。信用卡实质上是消费信贷的一种，它提供一个有明确信用额度的循环信贷账户，借款人可使用部分或全部额度，一旦已经使用的余额得到偿还，该信用额度又可以恢复使用。尤其是贷记卡的持卡人，只要每月支付一定金额的最低还款额度，在此额度之外的账款及贷款利息可以延至下个还款期偿还。如果借款人的账户一直处于循环信贷状况，那么周转中的贷款余额几乎可以看成是无期贷款。通过循环信贷，持卡人可以在金融机构积累自己的信用度。

3.1.3 信用卡种类

信用卡通过在世界范围内的普及与发展，已经成为一个“人丁兴旺”、成员众多的“大家族”。虽然信用卡品种繁多，但我们仍然可以以银行卡的根本特征和基本功能作为衡量标准来加以区分，并按照不同的划分标准对其进行分类。即使信用卡的品种千差万别，我们也可将其划分为以下几类：

(1) 按照信用卡发行机构划分，信用卡可以分为银行卡和非银行卡。

◆ 银行卡。银行卡是由银行等机构发行的，方便客户取得融资途径，并且具有购物消费、转账结算等功能的各种支付卡。

◆ 非银行卡。非银行卡主要包括商业机构发行的零售信用卡和旅游服务行业发行的旅游娱乐卡两种。

零售信用卡是由零售百货公司、石油公司等商业企业发行的信用卡，持卡人可以凭此卡在指定的商店内购物，或在汽油站加油等。这种信用卡流通范围受到很大限制，发展范围较小。

旅游娱乐卡是由航空公司、旅游公司等发行的信用卡，用于支付各种交通工具的费用以及就餐、住宿、娱乐等的费用，其发行对象多为商旅人士。目前的美国运通卡和大莱卡即属于此类信用卡。

（2）根据清偿方式的不同，信用卡可以划分为贷记卡、准贷记卡和借记卡。

◆ 贷记卡。贷记卡即狭义上的信用卡，是一种向持卡人提供消费信贷的付款卡。持卡人不必在发卡行存款，就可以“先购买，后结算交钱”。根据客户的资信以及其他情况，发卡行给每个信用卡账户设定一个“授信限额”，比如 1 000 美元。这意味着，持卡人可以使用信用卡付账，只要累计不超过 1 000 美元即可。一般发卡行每月向持卡人寄送一次账单，持卡人在收到账单后的一定期限内付清账款，则不需付利息；若只付一部分账款，或只付最低还款额，则以后加付利息。由于信用卡不需要存款，所以信用卡持卡人不必在发卡行开设银行账户。此种信用卡是目前流通最为广泛的支付卡种，其核心特征是信用销售和循环信贷。

◆ 准贷记卡。准贷记卡是我国为了适应自己的政治经济体制、社会发展水平、人民的消费习惯等，在发展具有中国特色的信用卡产业过程中，创造出的一种绝无仅有的信用卡品种。此种信用卡兼具贷记卡和借记卡的部分功能。用户一般需要交纳保证金或提供担保人，使用时先存款后消费，存款计付利息。在进行购物消费时，用户可以在发卡银行核定的额度内进行小额透支，但透支金额自透支之日起计息，欠款也必须一次性还清，没有免息还款期和最低还款额。准贷记卡的基本特点是可以进行转账结算和购物消费。

◆ 借记卡。对应贷记卡的“后付款”，借记卡必须“先付款”。为获得借记卡，持卡人必须在发卡机构开设账户，并保持一定量的存款。持卡人用借记卡刷卡付账时，所付款项直接从其发卡银行的账户上转到售货或提供服务的商家的银行账户上。因此，借记卡的卡内资金实际上来源于持卡人的支票账户或往来账户（即活期存款账户）。借记卡的支付款额不能超过存款的数额。其实，对于持卡人来说，用借记卡付款的过程和从银行直接提款，然后用现金付账的过程，没有本质上的差别，只不过用卡要方便多了。可以说，借记卡只是消费者支付现金或支票的另一种更方便的形式，因此，借记卡也被称为支票卡。

（3）根据信用卡的从属关系，信用卡可以分为主卡和附属卡。

◆ 主卡。主卡是发卡机构对于年满一定年龄，具有完全民事行为能力，具有稳定的工作和收入的个人发行的信用卡。

◆ 附属卡。附属卡是指主卡持有人为自己具有完全民事行为能力的父母、配偶、子女或亲友申请的、由发卡机构发放的信用卡。主卡和附属卡共享账户及信用额度。主卡持有人可以自主限定附属卡的信用额度，主卡持有人对主卡和附属卡发生的全部债务承担清偿责任。

在国外，主卡持有人除可以为自己的亲友申请附属卡外，也可以为自己的商业合作伙伴申请附属卡，但主卡持有人和附属卡持有人需要对彼此信用卡项下的债务承担清偿责任。也就是说，附属卡持有人对主卡持有人的债务也负有清偿责任。

（4）按照信用卡发卡对象的不同，信用卡可以分为公司卡和个人卡。

◆ 公司卡。公司卡也称商务卡，是发卡机构发行的以商务服务为核心的信用卡，专门针对公司所需，推出差别化员工授信额度、综合对账单、商旅优惠计划等专业特色服务，以备公司员工进行公务商旅消费、业务招待等。公司使用商务卡，可以享有消费免息还款期，有助于降低公司流动资金压力；此外，还有专门的在线财务管理报表数据平台，可实时提供各种财务报表，全面反映公司商务费用流向，让公司财务管理和流程控制更加清晰、有效。

发卡机构会根据公司的资信情况，授予公司商务卡综合授信额度。在此授信额度范围内，公司可根据员工的不同级别或实际需要，给予不同的信用额度，并可随时调整额度或限制使用，让公司的财务分配更灵活。公司每月获得一份综合对账单，囊括所有商务差旅、业务招待、运营等的开支总额，清晰显示持卡员工每月的交易情况，全面简化账单核算程序，节省行政成本，大大提高财务效率。同时，公司持卡员工每月均可收到一份个人对账单，详细罗列各项商务开支，方便持卡人逐项核查。例如，万事达商务卡强大的 SDOL（Smart Data Online）在线财务管理报表数据平台，提供了灵活多变的信用额度，使公司任意掌控商务支出而不受时空限制，轻松实现了跨国、跨地区的统一管理。

◆ 个人卡。个人卡是发卡机构向具有完全民事行为能力、具有稳定的工作和收入的个人发放的信用卡，其有别于公司卡。

3.1.4 信用卡支付的优点

信用卡具有支付结算、消费信贷、自动取款、信息记录、身份识别等功能，是集金融业务与计算机技术于一体的高科技产物。其作为当今发展最快的金融业务之一，将会在一定范围内替代传统现金的流通。

在世界各国，信用卡已经成为最普遍的电子支付工具。在基于互联网的电子商务迅速发展的今天，信用卡应用型电子货币作为不受地域限制的支付工具，受到人们的普遍关注。

具体来讲，利用信用卡进行网络支付还具有以下独特的优点：

（1）在银行电子化与信息化建设的基础上，银行与特约的网上商店无须投入太多即能运行，且持卡人只需登记一下就可以使用，非常简便。

（2）无论何时何地，用户只要连接上网即可使用信用卡支付，这极大方便了客户与商家，避免了传统 POS 支付结算中布点不足带来的不便。

（3）几乎所有的 B2C 类电子商务网站均支持信用卡的网络支付结算，因此客户对此非常熟悉。

（4）相较于其他更新的网络支付方式如电子现金支付、电子支票支付等，信用卡网络支付在法律制度方面的问题较少。

3.2　电子现金

3.2.1　电子现金的含义

电子现金（Electronic Cash）又称数字现金，是一种以电子数据形式流通的、能被客户和商家普遍接受的、通过互联网购买商品和服务时使用的货币。电子现金是一种隐形货币，表现为由现金数值转换成为一系列的电子加密序列数，通过这些序列数来表示现实中各种金额的币值。电子现金其实是一种用电子形式模拟现金的技术。电子现金系统企图在多方面为在线交易复制现金的特性：方便、费用低、不记名等。

3.2.2　电子现金的特性

（1）安全性。电子现金的安全不能只靠物理上的安全来保证，必须通过电子现金自身使用的各项密码技术来保证。

（2）匿名性。银行和商家相互勾结也不能跟踪电子现金的使用，即无法将电子现金与用户的购买行为联系到一起。此特性使隐蔽电子现金用户的购买历史成为可能。

（3）流通性。用户能让电子现金在用户之间任意转让，且不被跟踪；也可以和其他的支付工具如纸币、银行存款和银行本票相互交易，还能经由不同的存、提款设备进行存、提款和转账。

（4）可分性。电子现金可以被分为更小的面额多次使用，只要各部分的面额之和与原电子现金面额相等即可。

（5）不可伪造性。用户不能造假币，这包括两种情况，一是用户不能凭空制造有效的电子现金，二是用户从银行提取有效的电子现金后，也不能根据提取和支付的电子现金的信息制造出有效的电子现金。

3.2.3 电子现金的网络支付流程

使用电子现金进行网络支付，需要在客户端安装专门的电子现金客户端软件，在商家服务端安装电子现金服务器端软件，在发行银行运行对应的电子现金管理软件等。为了保证电子现金的安全及可兑换性，发行银行还应该从第三方 CA 申请数字证书以证实自己的身份，借此获取自己的公开密钥和私人密钥对，且把公开密钥公开出去，利用私人密钥对电子现金进行签名。

电子现金的网络支付业务涉及商家、客户与发行银行三个主体，涉及初始化协议、提款协议、支付协议及存款协议四个安全协议。

初始化协议（Initialization Protocol）有关用户在电子现金银行购买电子现金的行为。

提款协议（Withdrawal Protocol）有关用户从自己的银行账户上提取电子现金的行为。为了保证用户在匿名的前提下获得带有银行签名的合法电子现金，用户将与银行交互执行盲签名协议，同时银行必须确信电子现金上包含必要的用户身份。

支付协议（Payment Protocal）有关用户使用电子现金从商店中购买货物的行为。

存款协议（Deposit Protocal）有关用户及商家将电子现金存入自己银行账户的行为。在此过程中，银行将检查存入的电子现金是否被合法使用，如果发现有非法使用的情况发生，银行将使用重用检测协议跟踪非法用户的身份，对其进行惩罚。

在遵从上述安全协议的基础上，电子现金的网络支付业务处理流程一般概括为如下几个步骤：

（1）预备工作。电子现金使用客户、电子现金接收商家与电子现金发行银行应分别安装电子现金应用软件。为了实现安全交易与支付，商家与发行银行应从 CA 中心处申请数字证书。客户端在线认证发行银行的真实身份后，在电子现金发行银行开设电子现金账号，存入一定量的资金，利用客户端与银行端的电子现金应用软件，遵照严格的购买兑换步骤，兑换一定数量的电子现金（初始化协议）。客户使用客户端电子现金应用软件在线接收从发行银行兑换的电子现金，存放在客户机硬盘（或电子钱包、

IC卡）里，以备随时使用（提款协议）。接收电子现金的商家与发行银行间应在电子现金的使用、审核、兑换等方面签有协议与授权书，商家也可以在发行银行开设接收与兑换电子现金的账号，也可另有收单银行。

（2）客户验证网上商家的真实身份（安全交易需要），并确认对方能够接收本方电子现金后，挑好商品，选择己方持有的电子现金来支付。

（3）客户借助互联网平台，把订货单与电子现金一并发送给商家服务器（可利用商家的公开密钥对电子现金进行加密传送，商家收到后利用私人密钥解开）。对客户来说，到这一步，支付就算完成得差不多了，中途无需银行的中转。

（4）商家收到电子现金后，可以随时一次性或批量地到发行银行兑换电子现金，即把接收的电子现金发送给电子现金发行银行，与发行银行协商进行相关的电子现金审核与资金清算，电子现金发行银行认证后把同额资金转至商家开户行账户。

应该注意的是，可能有两种支付结算方式来处理这个过程，即双方支付方式和三方支付方式。双方支付方式只涉及客户与商家，在交易中由商家用银行的公共密钥检验收到的电子现金的数字签名，鉴别其真伪，通过后，商家就把电子现金存起来或直接送去发行银行进行兑换。三方支付方式的交易过程要涉及银行的审核认证，即客户把电子现金发送给商家，商家把它直接发给电子现金发行银行审核其真伪，确认它没有被重复使用，无问题后兑换同额资金转入商家资金账户。多数情况下，双方支付方式是不可行的，因为可能存在电子现金重复使用的问题。而三方支付方式中，为了检验电子现金是否重复使用，发行银行将从商家处获得的电子现金与已经使用的电子现金记录库进行比较，予以鉴别，因此这种方式比较安全。

同纸币一样，电子现金通过一个序列号进行标识。为了检验是否存在重复使用情况，电子现金将以某种全球统一标志的形式注册。但是，这种检验方式十分费时费力，尤其是对于小额支付来说。

（5）商家确认客户的电子现金的真实性与有效性后，确认客户的订单与支付情况，然后发货。

3.2.4　电子现金的解决方案

由于电子现金既具有纸质现金的属性，又能在网络上方便地传送，还能满足人们的使用习惯，所以随着网上商务的深入发展，电子现金将是一个极有潜力的发展项目。电子现金的进一步成熟与丰富将开辟更加广阔的网上市场。

3.3 电子钱包

3.3.1 电子钱包的含义

随着网上购物次数的增加，人们开始厌倦每次在填写订货单时都要重复输入送货地址、信用卡信息、个人身份等信息，而很多时候这些购物信息均不会改变。电子钱包可以在需要时把这些每次重复输入的个人商务信息自动地填写在订单上，安全发送给商家网站，加快购物进程，提高购物效率。这正如用钱包集中装好现金、信用卡、名片等个人物品的功能。人们使用时只需打开钱包，想用什么就拿什么，十分方便，也比较安全。

所谓电子钱包，是一个客户用来进行安全网络支付并储存交易记录的特殊计算机软件或硬件设备。其如同生活中随身携带的钱包一样，应用起来很方便，效率也高——特别是在涉及个体的、小额网上消费的电子商务活动中。

电子钱包本质上是个装载电子货币的“电子容器”，其能够把有关方便网上购物的信息，如信用卡信息、电子现金、身份证号码、地址及其他信息集成在一个数据结构里，以便整体调用，需要时又能方便地辅助客户取出其中的电子货币进行网络支付，是小额购物或购买小商品时常用的新式虚拟钱包。因此，在电子商务中应用电子钱包时，真正支付的不是电子钱包本身，而是它装的电子货币。就像生活中钱包本身并不能用来付款，但我们可以方便地打开钱包，取出钱包里的纸质现金、信用卡等来付款。

3.3.2 电子钱包的功能

电子钱包具有如下功能：

（1）安全电子证书的管理。包括安全电子证书的申请、存储、删除等。

（2）安全电子交易。进行 SET 交易时，辨认用户的身份并发送交易信息。

（3）交易记录的保存。保存每一笔交易记录以备日后查询。

3.3.3 电子钱包的支付流程

（1）客户使用浏览器在商家的 Web 主页上查看在线商品目录，选择要购买的商品。

（2）客户填写订单，包括项目列表、价格、总价、运费、搬运费、税费等。

（3）订单可通过电子化方式从商家传过来，或由客户的电子购物软件建立。有些在线商场可以让客户与商家协商物品的价格（例如客户出示自己是老客户的证明，或给出竞争对手的价格信息）。

（4）顾客确认后，选定电子钱包付钱。将电子钱包装入系统，单击电子钱包的相应项或电子钱包图标，打开电子钱包，然后输入自己的保密口令，在确认是自己的电子钱包后，从中取出一张电子信用卡来付款。

（5）电子商务服务器对此信用卡号码采用某种保密算法算好并加密后，发送到相应的银行，同时销售商店也收到了经过加密的购货账单。销售商店将自己的顾客编码加入电子购货账单后，再转送到电子商务服务器上。商店是看不见顾客电子信用卡上的号码的，同时，销售商店无权也无法处理信用卡中的钱款。因此，只能把信用卡送到电子商务服务器上去处理。电子商务服务器确认这是一位合法顾客后，将信用卡同时送到信用卡公司和商业银行。信用卡公司和商业银行之间要进行应收款项和账务往来的电子数据交换和结算处理。接着，信用卡公司将处理请求送到商业银行，商业银行确认并授权后送回信用卡公司。

（6）如果商业银行确认后拒绝并且不予授权，则说明顾客的这张电子信用卡上的钱数不够用，或是没有钱，或是已经透支。商业银行拒绝后，顾客可以再单击电子钱包的相应项打开电子钱包，取出另一张电子信用卡，重复上述操作。

（7）如果商业银行证明这张信用卡有效并授权后，销售商店就可交货。与此同时，销售商店留下整个交易过程中发生往来的财务数据，并且出示一份电子收据发送给顾客。

（8）上述交易成交后，销售商店就按照顾客提供的电子订货单将货品交到顾客或其指定的人手中。

3.3.4　电子钱包的解决方案

电子钱包最早是由英国的西敏寺银行开发的，这个世界上最早的电子钱包叫作“Mondex”，其于1995年7月首先在斯温敦试用。现在世界上有三种主流开放式电子钱包标准（Mondex、Proton、Visa Cash）在相互竞争。

（1）Mondex。Mondex是一种灵活的电子现金，它可以方便地实现资金在一张Mondex电子钱包卡和另外一张Mondex电子钱包卡之间的划拨。Mondex还有一个特点，它的交易是不被追踪的，这是Mondex最灵活、最优越的地方，它可以保护持卡人的隐私；但同时，这也是 Mondex 最具争议的地方，因为银行无法追踪审计每笔交易，会给违法者进行非法的资金划拨创造条件。而且银行审计追踪的缺失，也对技术范畴的安全性实现提出了更高的要求。

目前 Mondex 最大的市场是亚太地区，澳大利亚、日本、印度、印度尼西亚、毛里求斯、新西兰、菲律宾、新加坡、斯里兰卡、泰国、越南等国，以及我国的港澳台地区都已经得到许可授权。

（2）Proton。Proton 电子钱包的发展由 Proton World 负责。1999 年 1 月，Proton World 与安智、斯伦贝谢等世界主要 POS 机供应商签署了协议，在这些代表全球 50%以上 POS 机市场份额的 POS 机产品中集成 Proton 技术。针对蓬勃发展的电子商务，Proton World 早在 1998 年年底就宣布基于 Proton 的电子钱包可以通过互联网实现安全的资金圈存。与 PC 机相连接的集成 Proton 技术的智能卡读卡器，提供了 PIN 码校验和交易金额确认的功能。用户将读卡器附带的 PIN 码输入小键盘，所输入的 PIN 码将直接与智能卡存储的 PIN 码进行校验。PIN 码不会在网络上传输，也不会被 PC 机读取，这无疑可以增强用户进行网上购物的信心。

Proton 与 Mondex 电子钱包最大的区别是 Proton 的每笔交易都可以被追踪审计。目前，已经有大量 Proton 电子钱包在流通。

（3）Visa Cash。Visa Cash 是美国 GSA 组织的多应用双界面智能卡项目中的一个应用。Visa Cash 同样很重视移动电子商务应用，其于 1999 年在英国利兹进行了通过 GSM 网络向 Visa Cash 电子钱包充值的试验。Visa Cash 也在美国的政府智能卡项目中得到应用。Visa Cash 电子钱包在阿根廷、澳大利亚、巴西、加拿大、哥伦比亚、德国、爱尔兰、以色列、意大利、日本、墨西哥、挪威、波多黎各、俄罗斯、西班牙、英国、美国等国家和我国香港、台湾地区得到了较好的应用。

3.4 电子支票

3.4.1 电子支票的含义

电子支票也称数字支票，是客户向收款人签发的、无条件的数字化支付指令，它可以通过计算机网络来完成传统支票的所有功能，即将传统支票的全部内容电子化和数字化，形成标准格式的电子版，再借助计算机网络（互联网与金融专网）完成其在客户之间、银行与客户之间以及银行与银行之间的传递与处理，从而实现银行客户之间的资金支付结算。简单地说，电子支票就是传统纸质支票的电子版。它包含和纸质支票一样的信息，如支票号、收款人姓名、签发人账号、支票金额、签发日期、开户银行名称等，具有和纸质支票一样的支付结算功能。电子支票系统传输的是电子资金，最大限度地利用了当前银行系统的电子化与网络化设施的优势。

3.4.2　电子支票的支付流程

（1）付款人（消费者）和收款人（商家）达成购销协议并选择用电子支票支付。

（2）付款人利用自己的私钥对填写的电子支票进行数字签名后，通过网络发送给收款人，同时向银行发出付款通知单。

（3）收款人通过认证中心对消费者提供的电子支票进行验证，验证无误后将电子支票送交收单行索付。

（4）收单行把电子支票发送给自动清算所的资金清算系统，以兑换资金进行清算。

（5）自动清算所向付款人的付款银行申请兑换支票，并把兑换的相应资金发送到收款人的收单行。

（6）收单行向商家发出到款通知，资金入账。

电子支票与电子现金的系统架构类似，最大的不同点是电子现金需要发行单位为其所发行的现金担保，因此电子现金发行单位在电子现金上的数字签名很重要。而电子支票的开票人即付款人要为其所开出的支票兑现做担保，因此付款人在电子支票上的数字签名很重要。

3.4.3　电子支票支付模式的优缺点

（1）电子支票支付模式的优点如下：

第一，与传统支票类似，用户比较熟悉，易于接受。

第二，电子支票具有可追踪性，所以当使用者遗失支票或者支票被冒用时，其可以停止付款并取消交易，故电子支票支付模式风险较低。

第三，电子支票通过应用数字证书、数字签名及各种加密、解密技术，提供比传统纸质支票中使用印章和手写签名更加安全可靠的防欺诈手段。加密的电子支票也比电子现金更易于流通，买卖双方的银行只要公开密钥、确认电子支票即可，数字签名可以被自动验证。

（2）电子支票支付模式的缺点如下：

第一，需要申请认证，并安装证书和专用软件，使用较为复杂。

第二，不适合小额支付及微支付。

第三，电子支票通常需要使用专用网络进行传输。

知识链接

第三方支付平台是一些和国内外各大银行签约并具备一定实力和信誉保障的第三方独立机构提供的交易支持平台。在通过第三方支付平台的交易中，买方选购商品后，使用第三方平台提供的账户进行贷款支付，由第三方通知卖家货款到达，要求进行发货；买方检验物品后，就可以通知付款给卖家，第三方再将款项转至卖家账户。相对于传统的资金划拨交易方式，第三方支付可以比较有效地保障货物质量、交易诚信、退换要求等环节。其在整个交易过程中，都可以对交易双方进行约束和监督。在不需要面对面进行交易的电子商务形式中，第三方支付为保证交易成功提供了必要的支持。因此，随着电子商务在国内的快速发展，第三方支付行业为保证交易成功提供了必要的支持。国内普遍使用的第三方支付平台有PayPal、支付宝、首易信支付、快钱等。现在我们以支付宝为例，讲解通过支付宝第三方支付平台进行付款的全过程：买家注册一个支付宝账号，利用开通的网上银行给支付宝账户充值，然后利用支付宝账户在网站上进行购物并支付，这时货款会先付给支付宝，支付宝在确认收到支付信息后，由卖家给买家发货，买家收到商品后在支付宝上确认，支付宝公司收到买家确认收货并满意的信息后，最终给卖家付款。

技能训练

登录工商银行手机银行，体验手机银行业务，并完成以下两项任务：

1. 查询工商账户信息和交易记录。
2. 为自己的手机充值。

思考与练习

1. 什么是电子支付方式？电子支付方式有哪些特征？
2. 电子支付经历了哪些发展阶段？
3. 什么是信用卡？信用卡主要有哪些功能？
4. 什么是电子现金？电子现金有哪些特征？
5. 简述电子钱包的支付流程。
6. 什么是电子支票？简述电子支票的支付流程。

专项七 电子商务物流

主题1 电子商务物流与物流管理

主题引入

在海尔公司，一个产品从生产到销售需要经过的环节有运输、生产、包装、储存、流通加工、配送、销售等。除去生产和销售环节，运输、包装、储存、流通加工、配送等流通环节对产品的质量也有着重要的影响。这些关键要素就是物流的基本组成部分。那么，什么是物流呢？

在飞速发展的电子商务环境下，海尔意识到高效率的现代物流系统是企业内部运作的生命线。为了建立起高效、迅速的现代物流系统，海尔请来了SAP公司，为海尔实施了基于协同化电子商务的现代物流管理系统。经过海尔与SAP近两年的共同努力，海尔的现代物流管理系统不仅很好地提高了物流效率，而且极大地推动了海尔的电子商务发展，使海尔成为中国最大的网上交易产品供应商和电子商务公司之一。

那么，什么是电子商务物流？海尔电子商务环境下的物流又有什么特点呢？

相关知识

物流是指为了满足客户的需要，以最低的成本，通过运输、保管、配送等方式，实现原材料、半成品、成品及相关信息由商品的产地到商品的消费地所进行的计划、实施和管理的全过程。

2001 年 8 月，由中国物流与采购联合会起草，并由国家质量技术监督局发布的《中华人民共和国国家标准物流术语》对物流做了如下解释：

“物品从供应地向接收地的实体流动过程。根据实际需要，将运输、储存、装卸、搬运、包装、流通加工、配送、信息处理等基本功能实施有机结合。”

1　物流功能

物流活动由运输、仓储、装卸、搬运、包装、流通加工、配送、信息处理组成，也称为“物流活动的基本职能”。

1.1　运输

运输是用设备和工具，将物品从某一地点向另一地点运送的物流活动。其中包括集货、分配、搬运、中转、装入、卸下、分散等一系列操作。生产过程所需要的原材料、物料和配套资源所进行的实物性采购、储存、发放，以及后续产成品的储存、销售都需要运输活动的参与。

从物流系统的观点来看，有三个因素对运输来讲是十分重要的，即成本、速度和一致性。

运输成本是指为两个地理位置间的运输所支付的费用，是行政管理费用及运输周转过程中所需费用的总和。物流系统的设计应该考虑利用能把系统总成本降到最低程度的运输，因为最低费用的运输并不一定能产生最低的运输总成本。运输成本的降低，可以直接反映在商品价格的变化上。运输成本的降低也可以增强企业产品的竞争能力。

运输速度是指完成特定运输所需的时间。在电子商务条件下，速度已上升为最主要的竞争手段。运输速度的加快可以提高客户对商品的满意度，同时，运输速度的加快也能使时令产品的品质得到保证。如此，产品能迅速上市，获得较高的销售价格。

运输的一致性是指若干次装运中履行某一特定的运次所需的时间与原定时间，或与前几次运输所需时间的一致性。它是运输可靠性的反映。运输的一致性影响运输的速度，影响客户对产品的获得性，影响客户的消费心理，并且会影响运输成本。

1.2　仓储

仓储是为了克服生产和消费在时间上的矛盾而形成的。通过储存，商品的时间效用产生了。仓储将根据各种仓库，完成物资的堆码、保管、保养、维护等工作，并把其功能延伸到销售、供应、配送等领域。仓储管理要求合理确定仓库的库存量，建立各种物资的保管制度，确定作业流程，提高保管技术。仓储作为现代物流不可缺少的重要环节，具有如下重要作用：

（1）仓储能对货物进入下一个环节前的质量起保证作用。在货物仓储环节对产品质量进行检验能够有效防止伪劣产品流入市场，保护了消费者权益，也在一定程度上保护了生产厂家的信誉。通过仓储来保证产品质量需要做到两点，一是在货物入库时进行质量检验，看货物是否符合仓储要求，严禁不合格产品混入库场；二是在货物的储存期间，要尽量使产品不发生物理和化学变化，尽量减少库存货物的损失。

（2）仓储是保证社会再生产过程顺利进行的必要条件。货物的仓储过程不仅是商品流通过程顺利进行的必要保证，也是生产过程得以进行的保证。在经营过程中，企业可以通过仓储保证原材料的供应，并且能够在保证商品储存品质的限度内大批量购进，最大限度地享受批量优惠，降低生产成本。对于销售情况不好的产品，企业可以通过仓储延时销售，获取最大利润。

（3）仓储是加快商品流通、节约流通费用的重要手段。虽然货物在仓库中进行储存时处于静止状态，会造成时间成本和财务成本的增加，但从整体上来说，仓储不仅不会带来时间的损耗和财务成本的增加，相反它能够帮助加快流通，并且节约运营成本。

（4）仓储能够为货物进入市场做好准备。仓储能够在货物进入市场前完成整理、包装、质检、分拣等程序，这样就可以缩短后续环节的工作时间，加快货物的流通速度。

1.3 装卸、搬运

装卸是指将物品在指定的地点以人力或机械装入运输设备或卸下，搬运是指在同一场所内对物品进行水平移动。装卸货物时，货物在空间上发生垂直方向的位移；搬运货物是指让货物在小范围内发生短距离的水平位移。

在企业经营中，采购、仓储、流通加工等环节都离不开装卸、搬运。

装卸、搬运的功能主要表现在以下几方面：

（1）装卸、搬运是伴随生产过程和流通过程各个环节所发生的活动，也是衔接生产各阶段和流通各环节之间的桥梁。因此，装卸、搬运的合理化，对缩短生产周期、降低生产过程的物流费用、加快物流速度等，都起着重要作用。

（2）装卸、搬运是保障生产和流通其他各环节得以顺利进行的环节。它们的工作质量会对生产和流通其他各环节产生很大的影响，可能使生产过程不能正常进行，或者使流通过程不畅。所以，装卸、搬运对物流过程其他各环节所提供的服务具有劳务性质，具有提供“保障”和“服务”的功能。

（3）装卸、搬运是物流过程中的重要环节，它们制约着物流过程中其他各项活动，是提高物流速度的关键。由于装卸、搬运是伴随着物流过程其他环节的活动，因而往往没有引起人们的足够重视。可是，一旦忽视了装卸、搬运，生产和流通领域轻则发生混乱，重则造成停顿。由此可见，改善装卸、搬运作业，提高装卸、搬运合理化程度，提高物流服务质量，发挥物流系统整体功能等，都具有重要的意义。

1.4　包装

包装是在流通过程中保护产品、方便运输、促进销售，按照一定的技术方法采用容器材料及辅助材料将物品包封，并给予适当标示的总体名称。包装包括包装物和包装操作。

包装在物流系统中具有十分重要的作用。包装是生产的终点，同时又是物流的起点，它在很大程度上制约了物流系统的运行状况。将产品按一定数量、形状、质量、尺寸大小配套进行包装，并且按产品的性质采用适当的材料和容器，不仅可使装卸搬运、堆码存放、计量清点方便高效，而且可提高运动工具和仓库的利用效率。具体来讲，包装具有以下功能：

（1）保护功能。这是维持产品质量的功能，是包装的基本功能。在物流过程中，有些自然因素（如温度、湿度、日照、有害物质、生物等）会对产品的质量产生影响，使产品损坏、变质。在装卸搬运、运输过程中，撞击、振动也会使产品受损。为了维持产品在物流过程中的完整性，必须对产品进行科学包装，避免各种外界不良因素对产品的影响。

（2）方便功能。经过包装的商品能为商品流转提供许多方便的条件。运输、装卸、搬运通常是以包装的体积、质量为基本单位的，托盘、集装箱、货车等也是按一定包装单位来装运的。合适的包装形状、尺寸、质量和材料，能够方便运输、装卸、搬运、保管的操作，提高其他物流环节的效率，降低流通费用。

（3）销售功能。包装是商品的组成部分，它是商品的形象。包装上的商标、图案、文字说明等，是商品的广告和“无声的推销员”，它是宣传和推销商品的媒体，激发着消费者的购买欲望。

1.5　流通加工

流通加工是物品在从生产地到使用地的过程中，根据需要施加包装、分割、计量、分拣、刷标签、组装等简单作业的总称。流通加工是流通中的一种特殊形式，其目的是克服生产加工的产品在形质上与客户要求之间的差异，或者是为了提高物流效率，使产需双方更好地衔接。这些加工活动被放在物流过程中完成，成为物流的一个组成部分。流通加工的功能主要体现在以下几方面：

（1）克服生产和消费之间分离的缺点，更有效地满足消费需求。这是流通加工功能最基本的内容。现代经济中，生产和消费在质量上的分离日益扩大化和复杂化。流通企业利用靠近消费者、信息灵活的优势从事加工活动，能够更好地满足消费需求，使少规格、大批量生产与小批量、多样性需求结合起来。

（2）提高加工效率和原材料利用率。集中进行流通加工时，可以采用技术先进、加工量大、效率高的设备，这样不仅可以提高加工质量，还可以提高使用率和加工效率。集中进行加工还可以将生产企业生产的简单规格产品，按照客户的不同要求，进行集中下料，做到量材使用、合理套裁，减少剩余料。同时，可以对剩余料进行综合利用，提高原材料的利用率，使资源得到充分、合理的利用。

（3）提高物流效率。有的产品的形态、尺寸、质量等比较特殊，如过大、过重的产品若不进行适当分解就无法装卸运输；生鲜食品不经过冷冻、保鲜处理，在物流过程中就容易变质、腐烂等。对这些产品进行适当加工，可以方便装卸、搬运、储存、运输和配送，从而提高物流效率。

（4）促进销售。流通加工对促进销售也有积极作用，特别是在市场竞争日益激烈的环境下，流通加工成为重要的促销手段。例如，将运输包装改换成销售包装，改变商品形象以吸引消费者；将蔬菜、肉类洗净、切块、分包，以满足消费者的要求；对初级产品和原材料进行加工，以满足客户的需要，赢得客户信赖，提高营销竞争力。

1.6　配送

配送是按客户的要求，进行货物配备并送交客户的活动。配送是一种直接面向客户的终端运输，客户的要求是配送活动的出发点。配送的实质是送货，但它以分拣、配货等理货活动为基础，是配货和送货的有机结合形式。配送作为一种现代流通方式，在物流特别是在电子商务物流中的作用非常突出。

（1）配送有利于提高物流经济效益。配送虽然处于物流过程的末端，但从上述流程可以看出，配送在一定程度上是物流活动的缩影。配送过程把若干物流功能结合起来，使它们有机地融为一体，从而提高了各项功能的效率。配送通过集中进货可以降低进货成本；通过集中库存可以保持合理库存，压缩不必要的社会库存，减少仓储费用；通过合理配货、共同配送，可以消除重复运输、空载运输，提高运输工具的利用率，实现合理运输，降低运输成本。

（2）配送是客户的后勤。配送是直接连接最终客户的物流活动。由于配送中心网络覆盖面大，信息量大且传递快，物流手段先进，设施齐全，专业化程度高，它对客户的服务成为现代化经济中客户不可缺少的后勤。对生产企业来讲，可以根据企业生产的需要，组织原材料、辅助材料、零部件等，按计划定时、定量配送，解除企业后顾之忧，大大减少企业库存，或实现零库存。对零售商店来讲，可以按商店销售状况及时补充商品，既保证货不断档，又可实现零库存。对不同的中小客户来讲，组织共同进货、共同配货，可以使自己得到规模经济的效益。

（3）配送有助于增强物流系统的宏观调控能力。配送实行的集中库存、共同配送等大物流的形式，可以从根本上改变一家一户取货送货、重复设库的小生产式的物流格局，从而打破了条块分割，为流通主管部门进行有效的宏观调控创造了良好的条件。同时，配送中心又是物流系统中最重要的信息中心和调配中心，因此，对配送中心的管理在很大程度上可以影响对物流系统的宏观调控。

1.7　信息处理

物流信息是连接运输、保管、装卸、包装各环节的纽带，没有各物流环节信息的及时供给，就没有物流活动的时间效率和管理效率，也就失去了物流的整体效率。因此，将在各个物流环节中产生的物流信息进行实时采集、分析、传递，并向货主提供各种作业明细信息及咨询信息，这对现代物流中心来说是相当重要的。物流信息处理包括订货信息处理、进货信息处理、仓储信息处理、包装信息处理、运输信息处理、配送信息处理等。

（1）订货、进货信息处理包括订货统计分析、退货处理、进货管理。

（2）生产过程中仓储信息的管理包括进行库存预算与库存实际的对比、进行标准库存周转率与实际周转率的对比、分析过剩库存、分析缺货库存、分析商品的恶化和破损原因。

（3）包装信息处理可以对包装材料、包装过程进行管理，并且分析包装费用。

（4）运输信息处理不仅可以提供各种运输方式下的货物跟踪，还可以提供多点操作、多级配送下的货物在仓或在途状态，保障整个物流过程的有效监控与快速运转。并且其可以根据用户的要求同时提供在海关、商检等环节的详细追踪。另外，系统还提供例外故障报告和处理结果，客户可以在任何时间、任何地点在网上查看历史和当前状态。

（5）配送信息处理可以帮助企业进行配送中心数量、位置、区域的确定。其可以传达配送指示、与配送货物的抵达点联络、跟踪货物，进而进行效率分析、车辆的调动分析等。

实时准确的物流全程服务信息，可以帮助企业优化供应链管理，合理选择物流服务方案，增加企业价值。其贯穿于采购、分销等整个企业外部物流全过程，有力整合客户资源与需求，保障业务运作高效、有序地进行。其可以在运营信息基础上建立数据仓库，通过应用数据挖掘等技术，为管理决策层提供运作分析数据，为企业有效的经营决策提供依据。

2　电子商务物流的定义

在电子商务时代，电子工具和网络通信技术的运用使交易各方的时空距离几乎为零，有力地促进了信息流、商流、资金流、物流这“四流”的有机结合。对于某些可以通过网络传输的商品和服务，甚至可以做到进行“四流”的同步处理，例如通过上网浏览、查询、挑选、点击，用户可以完成某一电子软件的整个购买过程。

电子商务物流实际上就是电子商务环境下的现代物流。具体来说，其是指基于电子化、网络化的信息流、商流、资金流下的物资或服务的配送活动，包括软件商品（或服务）的网络传送和实体商品（或服务）的物理传送。

与传统物流相比，电子商务物流具备以下一系列新特点：

2.1　信息化

电子商务时代，物流信息化是电子商务的必然要求。物流信息化表现为物流信息的商品化、物流信息收集的数据库化和代码化、物流信息处理的电子化和计算机化、物流信息传递的标准化和实时化、物流信息存储的数字化等。

物流公司可以与码头、机场、海关等进行联网。当货物从世界各地起运时，客户便可以从该公司获得货物到达的时间、到达的准确位置，让收货人与各仓储、运输公司等做好准备，使商品在几乎不停留的情况下，快速流动，直达目的地。物流信息化大大提高了物流企业的服务水平，降低了成本。

在大型的配送公司里，一般都建立了 ECR 和 JIT 系统。系统通过对客户消费的科学、系统的分析，可做到在保证商品最低库存的情况下及时满足客户的需求，提高仓库商品的周转次数，并且可以根据客户的反馈调整产品生产。

2.2　自动化

自动化的基础是信息化，核心是机电一体化，外在表现是无人化，效果是省力化。另外，物流自动化还可以增强物流作业能力、提高劳动生产率、减少物流作业的差错等。如北京市医药总公司配送中心，其拣选货架（盘）上配有可视的分拣提示设备，这种分拣货架与物流管理信息系统相连，动态地提示被拣选的物品和数量，指导着工作人员的拣选操作，提高了货物拣选的准确性和速度。

2.3　网络化

物流领域网络化的基础也是信息化。这里的网络化有两层含义。一是物流配送系统的计算机通信网络。物流配送中心与供应商或制造商的联系要通过计算机网络，另外与下游顾客之间的联系也要通过计算机网络。比如物流配送中心向供应商提交订单这个过程，就可以使用计算机通信方式。提交订单可以借助增值网上的电子订货系统（EOS）和电子数据交换技术（EDI）来自动实现。另外，物流配送中心通过计算机网络收集下游客户的订货的过程也可以自动完成。二是组织的网络化，即所谓的企业内部网。

电子商务购物者可以通过网络选购货物，选择物流方式，进行电子支付，而电子化产品甚至可以直接通过网络获取；电子商务企业可以通过网络向顾客发送电子化产品，向物流中心下订单，提高了运作速度。

比如，目前通过海尔的 BBP 采购平台，所有的供应商均能在网上接收订单，下达订单的周期从原来的 7 天以上缩短为 1 小时内，而且准确率达 100%。除下达订单外，供应商还能通过网络查询库存、配额、价格等信息，实现及时补货，实现 JIT 采购。

2.4 智能化

智能化是物流自动化、信息化的一种高层次应用。物流作业过程中大量的运筹和决策，如库存水平的确定、运输（搬运）路径的选择、自动导向车的运行轨迹和作业控制、自动分拣机的运行、物流配送中心经营管理的决策支持等，都需要借助大量的知识才能解决。在物流自动化的进程中，物流智能化是不可回避的技术难题。专家系统、机器人等相关技术在国际上已经有比较成熟的研究成果。为了提高物流现代化的水平，物流的智能化已成为电子商务物流发展的一个新趋势。

2.5 柔性化

柔性化本来是为实现"以顾客为中心"理念而在生产领域提出的，但要真正做到柔性化，即能真正根据消费者需求的变化来灵活调节生产工艺，没有配套的柔性化的物流系统是不可能达到目的的。20 世纪 90 年代，国际生产领域纷纷推出弹性制造系统（Flexible Manufacturing System，FMS）、计算机集成制造系统（Computer Integrated Manufacturing System，CIMS）、制造资源系统（Manufacturing Requirement Planning，MRP）、企业资源计划（ERP），以及供应链管理的概念和技术。这些概念和技术的实质是要将生产、流通进行集成，根据需求端的需求组织生产，安排物流活动。因此，柔性化的物流正是适应生产、流通与消费的需求而发展起来的一种新型物流模式。这种新型物流模式要求物流配送中心要根据消费需求"多品种、小批量、多批次、短周期"的特色，灵活组织和实施物流作业。这种组织方式很好地促进了电子商务的发展。

2.6 全球化

全球经济一体化使企业面临着许多新问题，也使得物流企业向跨国经营和全球化发展。电子商务的发展，要求物流企业和生产企业更紧密地联系在一起，形成社会大分工。生产企业集中精力制造产品、降低成本、创造价值，物流企业则要花费大量时间和精力更好地提供物流服务。

物流的全球化反过来促进了电子商务全球化的发展。

2.7　多功能化

在电子商务环境下，物流企业是介于买卖双方之间的第三方，其以服务作为第一宗旨。一体化的配送中心不单单提供仓储和运输服务，还必须开展配货、配送和各种提高附加值的流通加工服务项目，也可按客户的需要提供其他服务。例如商店将销售情况及时反馈给工厂的配送中心，有利于厂商按照市场调整生产，也有利于配送中心调整配送计划，使企业的经营效益跨上一个新台阶。

2.8　一体化

物流一体化就是以物流系统为核心，由生产企业经物流企业、销售企业直至消费者的供应链的整体化和系统化。物流一体化是物流产业化的发展趋势，它还必须以第三方物流充分发展和完善为基础。

利用上述特点，电子商务物流企业可以一方面抓住用户的需求，另一方面抓住可以满足用户需求的全球供应链，再把这两种能力结合在一起，提高用户的忠诚度，提高企业的核心竞争力。

主题实施

海尔特色物流管理的“一流三网”充分体现了现代物流的特征：“一流”是以订单信息流为中心；“三网”分别是全球供应链资源网络、全球用户资源网络和计算机信息网络。“三网”同步运作，为订单信息流的增值提供了支持。

海尔网络营销特色是“一流三网”，可以实现以下目标：

（1）为订单而采购，消灭库存。在海尔，仓库不再是储存物资的“水库”，而是一条流动的“河”。海尔按订单来进行采购、制造等活动，从根本上消除了呆滞物资，消灭了库存。海尔集团每个月平均接到 6 000 多个销售订单，这些订单的定制产品品种达 7 000 多种，需要采购的物料品种达 15 万种。新的物流体系将呆滞物资降低了 73.8%，仓库面积减少了 50%，库存资金减少了 67%。

（2）赢得全球供应链网络。海尔通过整合内部资源、优化外部资源，使供应商由原来的 2 336 家优化至 978 家，同时国际化供应商的比例上升了 20%。海尔建立了强大的全球供应链网络，有力地保障了产品的质量和交货期。不仅如此，更有一批国际化大公司已经带着高科技和新技术参与了海尔产品的前端设计，目前可以参与产品开发的供应商比例已高达32.5%。

（3）实现三个JIT（Just In Time）。即实现JIT采购、JIT配送和JIT分拨物流的同步。目前通过海尔的BBP采购平台，所有供应商均在网上接受订单，并通过在网上查询计划和库存，及时补货，实现JIT采购；货物入库后，物流部门可根据次日的生产计划利用ERP信息系统进行配料，同时根据看板管理在4小时内送料到工位，实现JIT配送；生产部门按照B2B、B2C订单的需求完成订单以后，满足用户个性化需求的定制产品便可以通过海尔全球配送网络送到用户手中。目前，海尔在中心城市实现8小时配送到位，区域内24小时配送到位，全国4天内配送到位。海尔物流每年的采购额达到数百亿元，所有的物资都是按订单采购的。

知识链接

物流的分类如下：

（1）按照物流作用划分，可分为供应物流、销售物流、生产物流、回收物流、废弃物流。

（2）按照物流活动的空间范围划分，可分为地区物流、国内物流、国际物流。

（3）按照物流系统性质划分，可分为社会物流、行业物流、企业物流。

思考与练习

1. 什么是物流？
2. 物流有哪些基本功能？
3. 通过查询海尔网站信息，分析电子商务物流的特点。

主题 2　电子商务物流的选择

主题引入

戴尔计算机公司于 1984 年由企业家迈克尔·戴尔创立。戴尔的理念非常简单：按照客户的要求制造计算机，并向客户直接发货。这使戴尔公司能够更有效、更明确地了解客户需求，继而迅速做出回应。1996 年，戴尔公司在其网站上嵌入了电子商务功能，从而使其直销模式从传统商务转向了电子商务。此举进一步提高了戴尔公司的服务水平，增强了其竞争能力。

电子商务环境要求物流企业创新客户服务模式。在电子商务环境下，物流的运作是以信息为中心的，信息不仅决定了物流的运动方向，也决定了物流的运作方式。那么在此种环境下，电子商务企业如何选择适合自己的物流方式呢？戴尔公司可以选择的物流方式有哪些呢？

相关知识

按照物流活动的承担主体，物流活动可以划分为自营物流、第三方物流、专业子公司物流等。

1　自营物流

自营物流主要是指工业企业自己营业的物流。企业通过独立组建物流配送中心（即生产企业内部自己成立专门的物流部门），实现对内部物品的供应、配送。这种配送中心的各种物流设施和设备归一家企业所有，其主要的经济来源不在于物流。

现代企业自营物流已不是传统企业的物流作业功能的自我服务，它是基于供应链物流管理、以制造企业为核心的经营管理新概念。

1.1　分类

与企业的复杂类型相适应，企业自营物流的类型也较复杂。一般来说，企业自营物流有生产企业自营物流、批发企业自营物流、零售企业自营物流三种类型。

1.2　优势

（1）掌握业务控制权，争取市场主动。企业物流系统自营不仅可以对企业内部一体化物流系统运作的全过程进行有效的控制，还可进一步延伸到供应链物流管理过程中，即通过内部信息系统与互联网，实现企业内部产供销的物流协同，及其与上下游企业的物流协同。其以较快的速度解决物流活动管理过程中出现的任何问题，从而保证客户的满意度和最终产品成本的降低。此外，企业物流系统自营，还可以利用自身掌握的供应商、经销商以及最终顾客的第一手信息资料有效协调供应链各个环节，及时调整自己的经营战略，从而在激烈的市场竞争中掌握业务控制权，争取市场主动。

（2）盘活企业资源，开辟第三利润源泉。目前我国生产企业中，有73%的企业拥有汽车车队，73%的企业拥有仓库。企业的平均仓储面积为3 126平方米，物流装卸机具自有率超过60%。3%的企业拥有铁路专用线，并有大批熟悉企业生产经营业务的物流管理与作业人员。如此多的资源，企业如果不加以整合利用，将给自己带来巨大的沉没成本，形成较大的资产退出障碍。企业选择系统自营物流的模式，通过企业改制与业务流程再造盘活原有物流资源，带动资金流转，为企业在“第三利润”领域开辟了新的利润空间。

（3）降低转置成本，降低外购交易风险。物流作业外包的情况下，由于信息的不对称性，企业为维持外包物流服务的稳定性与可靠性，相应的监察、协调、集成等转置管理成本会相应增加。最大的风险是企业无法完全掌握物流服务商完整、真实的资料。外包商的不确定性和社会的复杂性，可能会引发物流商违规博弈的风险，导致执行外包合约的交易费用上升。而物流系统自营的情况下，物流作业处在企业整个业务监控体系之下，协调、监控成本大大减少，不确定性因素也能为企业所控制。

（4）避免机密泄露，保护企业经营安全。任何一个企业都有自身的核心商业机密，如原材料的进货渠道、价格、品项构成、生产制造工艺、技术、产品销售渠道、服务手段等，这些都是企业有别于其他竞争企业的核心能力，企业不得不采取保密手段。当企业将运营中的物流要素外包，特别是引入第三方来经营其供应、生产环节中的内部物流时，其基本的运营情况和技术就不可避免地向第三方公开了。一般来说，第三方为发挥其规模物流的效率，会拥有该行业的诸多客户，而这些客户正是企业的竞争对手。企业物流外包后，第三方便可能将企业的商业秘密泄露给竞争对手，动摇企业的竞争力。因此，企业物流系统自营对避免机密泄露、保护企业经营安全有十分重要的意义，这也是企业不愿将物流外包的根本原因之一。

（5）降低系统运作成本，实施企业物流一体化管理。现代企业物流管理的目标就是运用系统的思想方法对企业物流活动实施计划、组织、协调和控制，以实现企业物流系统整体的合理化和效率化，从而达到降低物流系统总成本、提高物流服务水平的目的。因此，无论是企业自己经营物流还是第三方经营物流，企业的物流管理活动必须贯穿企业生产经营活动的始终。为降低系统总成本、提高系统作业效率，企业必须拥有属于自己的一体化物流管理体系，为生产营销提供支持。

（6）提高顾客满意度，提升企业品牌价值。有关统计报告显示，我国目前开展的有限的 TPL 物流服务中，有 23%的生产企业和 7%的商业企业对第三方物流的服务不满意。由此可见，我国物流产业尚处于低水平运营状态，难以代替企业实现其让顾客满意的价值。为提高顾客满意度、忠诚度，提升企业品牌价值，企业自建物流系统可自主控制营销活动。一方面，企业亲自服务到家，拉近与顾客的距离，使顾客了解企业、熟悉产品，提升企业在顾客群体中的亲和力，树立良好的企业形象；另一方面，企业可以掌握最新的顾客信息和市场信息，从而根据顾客需求和市场发展动向调整战略方案，提高企业的竞争力。

1.3　劣势

虽然企业自营物流有很多优势，但是我们必须清醒地认识到，企业自营物流也有缺点，具体体现为以下几点：

（1）增加了企业投资负担，削弱了企业抵御市场风险的能力。企业为了自营物流，就必须投入大量的资金用于仓储设备、运输设备的购置、维修等，同时人力资源成本也会增加。这必然会减少企业对其他重要环节的投入，削弱企业的市场竞争能力。

（2）企业配送效率低下，管理难以控制。对绝大多数企业而言，物流部门只是企业的一个后勤部门，物流活动也并非是企业所擅长的。在这种情况下，企业自营物流就等于迫使企业从事不擅长的业务活动，企业的管理人员也需要花费过多的时间、精力和资源去从事辅助性的工作。最糟糕的是，很有可能辅助性的工作没有抓起来，关键性业务也无法发挥出核心作用。

（3）规模有限，物流配送的专业化程度非常低，成本较高。对于规模不大的企业，其产品数量有限，采用自营物流不能形成规模效应。一方面，自营物流导致物流成本过高，产品在市场上的竞争能力下降；另一方面，由于规模有限，物流配送的专业化程度非常低，不能满足企业的需要。

（4）无法进行准确的效益评估。由于许多自营物流的企业采取的是内部各职能部门彼此独立地完成各自的物流的方式，没有将物流分离出来进行独立核算，因此企业无法计算出准确的产品物流成本，无法进行准确的效益评估。

2　第三方物流

第三方物流（Third Party Logistics）在 20 世纪 80 年代中期从欧美流传开来，是由相对第一方发货人和第二方收货人而言的第三方企业来承担企业物流活动的一种物流形态。它通过与第一方或第二方的合作来提供专业化的物流服务。其不拥有商品，不参与商品买卖，而是为客户提供用合同约束、以结盟为基础的系列化、个性化、信息化的物流代理服务。最常见的第三方物流服务包括设计物流系统、EDI 能力，报名管理，货物集运，选择承运人、货代人，海关代理，信息管理，仓储，咨询，运费支付，谈判等。

目前对第三方物流的解释有很多，国外尚没有一个统一的定义。我国 2001 年发布的《中华人民共和国国家标准物流术语》将第三方物流定义为“供方与需方以外的物流企业提供物流服务的业务模式”。

2.1　分类

（1）按照物流企业完成的物流业务范围的大小和所承担的物流功能，可将物流企业分为功能性物流企业和综合性物流企业。

（2）按照物流企业是自行完成和承担物流业务还是委托他人进行操作，可将物流企业分为物流自理企业和物流代理企业。

2.2　特点

第三方物流模式与传统的企业物流模式有很大的区别，其具有以下特征：

（1）长期性。TPL 要求双方建立长期战略合作伙伴关系。

（2）正规性。要求通过合同确定合约双方关系。

（3）密切性。第三方从货主的角度管理物流业务。

（4）服务的增值性。除了运输与仓储业务，第三方物流服务还涵盖了相关的管理、分析、设计等内容。

（5）以现代信息技术为基础。现代信息技术实现了数据的快速、准确传递，提高了仓库管理、装卸运输、采购订货、配送发货、订单处理的自动化水平，是第三方物流发展的必要条件，客户可以更方便地使用信息技术与物流企业进行交流和协作，企业间的协调和合作有可能在短时间内迅速完成。

（6）TPL 企业既是战略投资人，又是风险承担者。业务的利润不是来自运费、仓储费用等直接收入，而是来源于与客户一起在物资领域创造的新价值。TPL 企业是以投资人的身份为生产经营企业服务的，与其形成战略同盟者关系，需要承担同盟者的经营风险。

2.3　优势

（1）归核优势。企业引入第三方物流服务，有利于专心搞好本业，将有限的资源集中投入核心业务，提高自身的核心竞争力。

（2）业务优势。①使生产企业获得自己本身不能提供的物流服务。由于客户从事的行业不同，客户服务要求也千差万别。例如生鲜产品对快速、及时、冷藏的要求，危险化工品对安全性、仓储设备的要求。这些差异很大的要求往往是生产企业内部的物流系统所不能满足的，但却是第三方物流市场细分的基础。生产企业通过物流业务的外包，可以将这些主题转交给第三方物流公司，由其提供具有针对性的定制化物流服务。②降低物流设施和信息网络滞后对企业的影响。小企业的物流部门缺乏与外部资源的协调，当企业的核心业务迅猛发展时，需要企业物流系统快速跟上，这时企业原来的自营物流系统往往由于硬件设施和信息网络的局限而滞后，而第三方物流恰好可以突破资源限制的瓶颈。

（3）成本优势。①第三方物流可降低生产企业运作成本。专业的第三方物流提供商利用规模生产的专业优势和成本优势，通过提高各环节资源的利用率实现费用节省，使企业能从分离费用结构中获益。对生产型企业来说，物流成本在整体生产成本中占了较大的比重。另外，由于企业使用外协物流作业，可以事先得到物流服务供应商申明的成本或费用，使可变成本转变成不变成本，而稳定的成本使得规划和预算手续更为简便，这也是物流外包的优势之一。②第三方物流可以减少固定资产投资。现代物流领域的设施、设备与信息系统的投入是相当大的，企业通过物流外包可以减少对此类项目的建设和投资，变固定成本为可变成本，并且可以将由物流需求的不确定性和复杂性所带来的财务风险转嫁给第三方。尤其是那些业务量呈现季节性变化的公司，外包对其资产投入的影响更为明显。

（4）客服优势。①第三方物流的信息网络优势。第三方物流企业所具有的信息网络优势使其在提高顾客满意度方面具有独特的优势。第三方物流可以利用强大、便捷的信息网络来提高订单处理能力、缩短对客户需求的反应时间、进行直接到户的点对点的配送，实现商品的快速交付，提高顾客的满意度。②第三方物流的服务优势。第三方物流企业所具有的专业服务可以为顾客提供更多、更周到的服务，加强企业的市场感召力。另外，设施先进的第三方物流企业还具有对物流全程监控的能力。利用先进的信息技术和通信技术，第三方物流企业可以对在途货物实施监控，及时发现、处理配送过程中出现的意外事故，保证将货物安全送到目的地。③降低风险，提升企业形象。企业与第三方物流服务供应商是战略伙伴，共担风险，企业通过选择第三方物流服务，可以分散物流相关环节产生的风险，有利于提高企业生产经营的适应性。第三方物流服务供应商通过对全球性的信息和服务网络、专业化设施和技术以及专业人员的投入，对企业的物流环节乃至整条供应链进行监控和优化，改进企业的服务，提升企业的形象。

2.4　劣势

不难看出，第三方物流确实能给企业带来多方面的利益，但这并不意味着物流外包就是所有企业的最佳选择。事实上，第三方物流也不可避免地存在以下负面效应：

（1）生产企业对物流的控制能力降低。由于第三方的介入，企业自身对物流的控制能力下降。在双方协调出现问题时，可能会出现物流失控的风险，从而使企业的客服水平降低。另外，由于外部服务商的存在，企业内部更容易出现相互推卸责任的情况，影响了企业效率。

（2）客户关系管理的风险。①企业与客户的关系被削弱。由于生产企业是通过第三方来完成产品的配送与售后服务的，企业同客户的直接接触少了，这对企业建立稳定密切的客户关系非常不利。②客户信息泄露风险。客户信息对企业而言是非常重要的资源，但第三方物流公司并不只面对一个客户。在第三方物流公司为企业竞争对手提供服务的时候，企业的商业机密被泄露的可能性将增加。

（3）连带经营风险。第三方物流公司与企业是长期合作关系，如果服务商自身经营不善，则可能影响企业的经营，而解除合作关系又会产生较高的成本。

3　专业子公司物流

专业子公司物流是指企业下面成立的专门负责本企业全部物流活动或部分物流活动的物流管理子公司。

3.1　分类

物流子公司有两种类型，即物流管理公司的企业和运输、保管、装卸、搬运、包装等活动与母公司的活动相分离的企业。

3.2　优势

（1）费用明确。物流费中除运费、保管费、包装材料费外，其他的生产费、销售费和一般经费是作为物流费支付的，可以明确这些费用的全貌。

（2）价格合理。由于物流费是母公司与子公司共同协商设定的，故物流费可逐渐趋于合理。

（3）专业性强。子公司系专业物流公司，可致力于物流技术水平的提高，而母公司可以专心于产品的生产。

（4）专业公司不仅受理母公司的货物，也可受理其他顾客的货物，故可以维持一定的操作水平。

（5）因专业公司只能在物流业务中提高效益，故其必须致力于物流的合理化。

（6）制度灵活。可以分别采用适用于物流母公司和适用于物流子公司的不同劳务管理体制。

虽然专业子公司物流有上述诸多优势，但因为子公司受制于总公司的管理，不能真正放开手脚发展，故其容易在关键环节处理不好。

4　电子商务企业选择物流方式的原则

4.1　从财务角度考虑

企业是营利性组织，其出发点和归宿是获利。企业只有获利才有生存的价值，才能实现企业价值最大化这一财务目标。而该目标的实现又受各方面的影响，如投资项目、资本结构、成本等。

在考虑物流成本时，要注意以下几个方面：

（1）资本的投入。自营情况下，为满足本企业物流的需要，必须有足够的管理人员和固定资产的投入。固定资产指仓库、运输车辆、装卸叉车等，还有必要的管理软件设施等。这些资金中除了对管理人员的支出不是一次性的外，其他的都属一次性支出。这就必须考虑投资成本和投资项目的可行性。因为市场是不断变化的，为了适应市场的变化，企业应不断地改进自己的营销和生产行为。仓库和车辆的购入占用了企业的资金，并且由于其固定性，企业遇到紧急情况时很难迅速应变。

（2）资金的周转。资金周转的指标包括存货的周转率、应收账款的周转率、资产周转率等。其中与物流关系最密切的是存货的周转。

存货周转率=销售成本/平均存货

存货周转天数=360/存货周转率=（360×平均存货）/销售成本

存货周转得越快，存货的占用水平越低，流动性越强；占用资金越少，资金的使用率越高。资金周转得越快，流动性越强，企业的赢利能力就越强。企业内资金的运作及周转对一个企业来讲是非常重要的。现代企业流行使用的及时管理方法要求供应商小批量、频繁运送，但是小批量、频繁运送将增加运输成本。为了降低运输成本，及时管理方法要求积极寻找集装机会。

（3）专业设施的配备成本。除了使用专业的物流硬件设施外，为了适应市场的需求，必须配备专业的物流软件设施和人员。这些都需要大量的资金支出。

4.2　企业的核心能力和发展方向

在企业发展中，应该以对企业自身能力和另外可获得的能力的评估以及核心业务与非核心业务的划分来确定企业物流应该外包还是自营。假如一个制造商或零售商缺乏仓储运输方面的专门技术，并且物流设备花费很高，那么企业应该考虑利用第三方物流提供者的服务。相反，如果供应链管理对一个公司的市场成功非常重要，并且想把供应链管理职能作为一项核心能力来开发，则该公司应自营物流。

4.3　承担风险的能力和企业的管理理念

采用第三方物流时，企业与物流企业之间优势互补、风险共担。这在一定程度上给了企业一些转嫁风险的空间，使企业在遇到重大意外时能有一定的回旋余地。有的企业在经营过程中，为了管理上的方便，不愿拥有庞大的职工队伍，因此，在成本相差不多且不想将物流作为核心能力来发展的情况下，企业更趋向于用第三方物流。

企业在具体的选择过程中，必须针对实际需求和基本要求，明确需要的专业化物流服务企业必须具备哪些条件。如果企业需要仓储服务，就应该明确仓库在哪里，仓储条件如何，需要什么样的设施。如果企业需要运输服务，就应该明确需要哪条线路，运输什么时候进行。如果企业需要整体物流提供规划管理和优化组合服务，就应该明确供应区域和货物流转的情况。

如果采用外包的方式，则对符合条件的物流企业进行必要的对比筛选工作时，筛选的基本原则是服务第一、可成长第二、价格第三。选择专业化的物流服务企业的目标就是规范化物流、形成最佳成本的物流。价格最低的不一定是最好的物流，所以价格排第三位，针对目前需求的服务才排第一位。所谓可成长，是指服务是有进一步提高的可能性的。基本服务绝对不能是选择的公司能提供的最好服务，因为一旦如此，物流将不可能随着不断改变的需求不断完善和改进。

5　物流管理的目标

物流管理（Logistics Management）是指在社会生产过程中，根据物质资料实体流动的规律，应用管理的基本原理和科学方法，对物流活动进行计划、组织、指挥、协调、控制和监督，使各项物流活动实现最佳的协调与配合，以降低物流成本，提高物流效率和经济效益。

从企业的角度来看，物流管理的核心是在供应链中流动的存货。控制存货的数量、形态和分布，提高存货的流动性，使物流、资金流、信息流、控制流畅通并形成一个完整的闭环反馈系统，在“最需要的时候提供最适量的物料”，是企业内部物流管理的根本所在。因此，企业内部物流管理就是指企业对采购、生产、销售过程中各种形态的存货进行有效协调、管理和控制的过程。

物流管理的内容包括三个方面，即对物流活动诸要素的管理，包括对包装运输、储存等环节的管理；对物流系统诸要素的管理，即对其中人、财、物、设备、方法和信息六大要素的管理；对物流活动中具体职能的管理，主要包括对物流计划、质量、技术、经济等职能的管理。

实施物流管理的目的就是要在尽可能最低的总成本条件下实现既定的客户服务水平，即寻求服务优势和成本优势的一种动态平衡，并由此创造企业在竞争中的战略优势。据此，现代物流管理追求的目标可以概括为"7R"：将适当数量（Right Quantity）的适当产品（Right Product），在适当的时间（Right Time）和适当的地点（Right Place），以适当的条件（Right Condition）、适当的质量（Right Quality）和适当的成本（Right Cost）交付给客户。

具体来讲，通过加强物流系统管理，可以实现以下"7S"：

5.1 服务（Service）目标

要建立一个效果好、效率高的物流系统，就必须同时考虑物流成本费用与顾客服务水平，处理好两者之间的关系。集成化物流管理的主要目标就是要以最低的总成本费用实现整个集成化物流管理系统顾客服务的最优化。

物流系统采取送货、配送等形式，就是其服务性的体现。在技术方面，近年来出现的准时供货方式、柔性供货方式等，也是其服务性的体现。

如果是企业自营物流，则必须采取各种手段保证此目标的实现；如果是采用第三方物流，企业只要选择一个合适的物流企业即可。

5.2 快捷（Speed）目标

是否能快速响应关系到企业是否能及时满足顾客的需求。使用信息技术可以提高配送中心在最短时间内完成物流作业并尽快交付所需存货的能力。这样就可以减少传统上按预期的商店需求过度储备存货的情况。

如果企业自营物流，则需进行硬件、软件方面的更新，保证能够及时满足顾客要求。而如果企业选择第三方物流，则需要对所选企业进行监督，并根据需要调整合作企业。

5.3 节约（Space Saving）目标

节约（在物流领域体现为有效利用面积和空间）是经济领域的重要规律。在物流领域，由于流通过程消耗大而又基本上不增加商品使用价值，所以需要通过节约来降低投入，这是提高相对产出的重要手段。

对于企业自营物流来说，节约目标的实现有着较高的要求，即必须对整个流程的各个环节进行改造，才能达到节约的目的。而对于选择第三方物流的企业来说，只要跟物流企业谈好价格即可实现节约。

5.4 规模优化（Scale Optimization）目标

企业以物流规模作为物流系统的目标，以此来追求规模效益。生产领域的规模生产是早已为社会所承认的。由于物流系统的稳定性比生产系统差，因而难以形成标准的规模化格式。在物流领域，以分散或集中的方式建立物流系统，研究物流集约化程度，就是规模优化这一目标的体现。

对于企业自营物流来说，规模优化也是要考虑的问题。而对于选择第三方物流的企业来说，这一个目标是由物流企业来实现的。

5.5 库存（Stock Control）目标

物流管理的目标之一就是实现最低库存，最低库存的目标是减少资产负担和提高存货周转速度。存货的高周转率意味着分布在存货上的资金得到了有效的利用。

不管是企业自营物流还是采用第三方物流，库存目标都是企业必须要考虑的问题。只不过企业自营物流的方式，使库存目标的实现更加直接，而若采用第三方物流的方式，企业便可以将库存问题转嫁给物流企业，或者通过对物流的监督筛选获得更好的库存标准。

5.6 安全性（Safe）目标

物流活动必须保证安全，物流过程中货物不能被盗、被抢、被冻、被晒、被雨淋，不能发生交通事故，要确保货物准时、准地点、原封不动地送达。同时，装卸、搬运、运输、保管、包装、流通加工等各环节作业，不能给周围带来影响，应尽量减少废气、降低噪声等，符合环境保护要求。

安全性目标对企业自营物流和第三方物流同样重要。对企业自营物流来说，可以通过物流过程中人员的培训管理、车辆的监控、各种先进技术的使用来保证安全。而对选择第三方物流的企业来说，就需要根据客户的反馈情况，及时对物流企业进行监督、更换。

5.7 总成本（Sum Cost Minimum）目标

通常情况下，订货费、运输费、仓储费、库存成本以及其他物流费用都是相互联系的。因此，为了实现有效的物流管理，必须将物流系统作为一个有机整体来考虑，并使实体供应、制造支持与实体分销之间达到高度均衡。从这一意义出发，总成本最小化目标并不是指运输费用和库存成本，或其他任何物流活动的成本最小，而是指与物流活动有关的所有成本的总和最小化。

总成本目标是企业自营物流一直致力解决的问题，而选择第三方物流的企业只要选择价格、安全性等综合评价最好的物流企业即可。

物流管理强调运用系统方法解决问题。现代物流通常被认为是由运输、存储、包装、装卸、流通加工、配送和信息诸环节构成的。各环节原本都有各自的功能、利益和观念。系统方法就是利用现代管理方法和现代技术，使各个环节共享总体信息，把所有环节作为一个一体化的系统来进行组织和管理，以使系统能够在尽可能低的总成本条件下，提供有竞争优势的客户服务。系统方法认为，系统的效益并不是各个局部环节效益的简单相加。系统方法意味着，对于出现的某一方面的问题，要对全部的影响因素进行分析和评价。从这一思想出发，物流系统并不简单地追求在各个环节上的最低成本，因为物流各环节的效益之间存在相互影响、相互制约的倾向，存在着交替易损的关系。比如过分强调包装材料的节约，就可能因其易于破损造成运输和装卸费用的上升。因此，系统方法强调要进行总成本分析，以及避免次佳效应和成本权衡应用的分析，以达到总成本最低的目标。

主题实施

自建一个覆盖面大、反应迅速、成本有效的物流网络和系统物流对戴尔来讲是一项耗时耗力的庞大工程，况且戴尔在物流管理方面并不具备核心专长。同时，因送货不经济导致的运作及其他相关成本上升而增加的费用是无法弥补的。面对全球化激烈竞争的趋势，企业的战略对策之一是专注于自己擅长的经营领域，力争在核心技术方面领先，同时将本企业不擅长的业务分离出去，委托给在该领域有特长的、可信赖的合作伙伴。所以，戴尔把物流外包出去了。

具体来说，要通过多种方式对备选的运输代理企业的资信、网络、业务能力等进行周密的调查，并给初选的企业少量业务试运行，以实际营运情况考察这些企业服务的能力与质量，对不合格者取消代理资格，对获得运输代理资格的企业进行严格的月度作业考评。

事实上，在这条供应链上，戴尔处理得最多的是信息流。戴尔能够集中力量提供优质的售后服务支持，同时又避免了公司面临过度庞大的组织架构。

硬件供应商、戴尔公司和代理服务商三者共同形成了一个虚拟的企业，通过电子数据交换等方式密切配合，达到了资源的更优化配置，同时也降低了成本，共同为顾客提供优质的产品和服务。

知识链接

1. 城市物流

城市物流是在一定城市规划约束下，为实现城市商品流通最优化的目的，与其运营与监管等有关的物流活动体系。

2. 第四方物流

第四方物流是一个供应链的集成商，它对公司内部和具有互补性的服务供应商所拥有的不同资源、不同技术进行整合和管理，提供一整套供应链解决方案。

3. 精益物流

精益物流是指以精益思想为指导，能够全方位实现精益运作的物流活动。

4. 绿色物流

绿色物流也称环保物流，是指在物流过程中抑制物流对环境造成危害的同时，实现对物流环境的净化，使物流资源得到最充分的利用。

思考与练习

1. 什么是自营物流？它有什么特点？
2. 什么是第三方物流？它有什么优势？
3. 通过查询戴尔网站信息，分析电子商务物流的特点。